MALBOUFFE

Un député met les pieds dans le plat

Loïc Prud'homme

MALBOUFFE
Un député met les pieds dans le plat

Thierry Souccar Éditions

Conception graphique et mise en page :
Catherine Julia (Montfrin)
Infographies : Idée Graphic (Toulouse) (idee.graphic@free.fr)
Couverture : Le Petit Atelier (Paris)
Illustration de couverture : © Aurel

ISBN : 978-2-36549-365-9
ISBN ebook : 978-2-36549-366-6
Dépôt légal : 3e trimestre 2019

www.thierrysouccar.com

Sommaire

Introduction

La malbouffe, qu'est-ce que c'est ?

Comment en est-on arrivé là ?

Quand les lobbyistes font la loi

Conclusion

Pour aller plus loin

Notes et références

Introduction

L'alimentation et l'agriculture ont toujours figuré parmi mes grands centres d'intérêt, par culture familiale sans doute pour ce qui est de l'alimentation, par ma formation et mon parcours professionnel pour ce qui concerne l'agronomie et l'agriculture.

Mais au-delà de ces dispositions, je n'échappe pas au questionnement qui taraude plus de huit Français sur dix lorsqu'il s'agit du contenu de leur assiette : Est-ce sain ? Quelle est la composition de ce plat ? Quel impact ce produit a-t-il sur ma santé ? D'où vient cet aliment ? Qui le produit et comment ?

Lorsque les scandales sanitaires rythment l'actualité à intervalles réguliers, et que j'apprends, par exemple que pour être rose, un produit aussi simple que le jambon est farci, au sens propre comme au figuré, de nitrites dangereux pour la santé, je suis, comme tous les consommateurs, scandalisé et je perds toute confiance dans les bonnes intentions affichées par ceux dont le métier est d'assurer la « communication » autour de l'alimentation industrielle.

LA COMMISSION D'ENQUÊTE SUR L'ALIMENTATION INDUSTRIELLE

Élu député, siégeant dans le groupe de La France Insoumise, j'ai donc sauté sur l'occasion lorsque notre proposition de résolution sur la mise en place d'une commission d'enquête sur les effets de la nourriture industrielle sur la santé, la société et l'environnement a été adoptée en commission des affaires économiques en vertu de notre droit de tirage[a].

En présidant cette commission d'enquête, j'allais enfin pouvoir faire en sorte que pour la première fois des parlementaires se penchent de manière approfondie sur ce sujet de santé publique. Il faut dire que les armes d'une commission d'enquête sont très puissantes : les personnes auditionnées sont obligées de répondre aux convocations et de parler sous serment. Fini le bla-bla fumeux du monde de l'agro-industrie comme on a pu l'entendre dans les commissions permanentes de l'Assemblée nationale lors de l'étude de la loi EGalim en 2018[b].

Le travail accompli pour cette commission d'enquête a été considérable. En six mois, nous avons auditionné 40 acteurs. Notre panel d'audition était très varié car nous voulions dresser un tableau complet de ce qu'est la nourriture industrielle et de ses conséquences à tous les niveaux.

La diversité fut donc totale, avec des institutions comme l'Autorité européenne de sécurité des aliments (EFSA) qui délivre les autorisations pour les additifs ; des

a Le droit de tirage est le droit qu'un groupe parlementaire a d'obtenir qu'une commission d'enquête parlementaire soit mise en place sur un sujet de son choix. NdA.

b On se souvient tous de Maxence Bigard, de l'entreprise de viande Bigard, refusant de répondre clairement aux membres de la commission des affaires économiques. Mon collègue François Ruffin a abondamment relayé cette attitude déplorable et irrespectueuse envers les élus, et donc le peuple lui-même, lors de l'étude de la loi pour l'équilibre des relations commerciales dans le secteur agricole et alimentaire et une alimentation saine, durable et accessible à tous, dite loi EGalim.

lobbies des producteurs de l'alimentation industrielle comme l'Association nationale des industries alimentaires (ANIA) ; des associations de consommateurs comme l'UFC-Que Choisir, et des scientifiques comme le Pr Serge Hercberg, qui a piloté le Programme national nutrition santé (PNNS) et présidé au développement du Nutri-Score.

Ce travail d'enquête a rapidement pris un tour particulier : dès les premières auditions, le scandale majeur de santé publique est apparu. À l'image des dessins par points à relier destinés aux enfants où l'on devine rapidement la forme générale, les détails et les contours exacts de l'affaire ont émergé peu à peu.

TOUJOURS PLUS GROS ET PLUS MALADES

D'abord le constat : les nations développées sont confrontées à une épidémie de maladies chroniques dites « non transmissibles » selon la terminologie de l'Organisation mondiale de la santé (OMS).

Notre pays n'est bien sûr pas épargné. Selon la Haute Autorité de Santé (HAS), en 2012, plus de 15 à 20 millions de Français, soit environ 30 % de la population, souffraient d'une maladie chronique ! En 2016, ces dernières représentaient plus de la moitié des dépenses de la branche maladie[1].

La proportion de Français traités pour un diabète a doublé entre 1978 et 2015, passant de 2,78 % à 5,4 %. Le pourcentage réel de diabétiques est probablement plus élevé encore, sachant que de nombreuses personnes ignorent leur état.

Du côté du surpoids ce n'est pas plus encourageant, tant la « dynamique » de l'augmentation des cas est rapide et inquiétante. En 1997, 29,8 % de la population était en surpoids, et 8,5 % obèse selon l'enquête ObÉpi. D'après les données de Santé publique France[2] pour l'année 2015, 49 % de la population adulte était en situation de surpoids dont 17 % de personnes obèses, tandis que 17 % des enfants étaient en surpoids, dont 4 % d'obèses.

UNE ESPÉRANCE DE VIE EN TROMPE-L'ŒIL

Les statisticiens relèvent, à juste titre, que notre espérance de vie n'a jamais été aussi grande – un credo repris en chœur par les « communicants » de l'industrie. Comment est-ce possible, alors que les maladies chroniques ne cessent de progresser ? Voici l'explication : si les Français vivent plus longtemps, c'est aussi plus longtemps en mauvaise santé. En effet d'après l'Inserm[3], le nombre moyen d'années de vie passées en bonne santé après 65 ans a stagné entre 2005 et 2011, augmentant de 0,2 ans seulement pour les hommes (soit 73,8 ans), et diminuant de 0,2 ans pour les femmes (soit 73,6 ans). L'espérance de vie théorique moyenne a, pour sa part, augmenté de 1,3 année pour les hommes et de 1,2 année pour les femmes pour s'établir respectivement à 83 ans et 86,4 ans. Nous vivons donc en moyenne un an de plus malades, avec à nouveau un coût supporté par notre protection sociale. Il n'y a pas de quoi pavoiser.

Le coût social de l'obésité est estimé à 20,4 milliards d'euros en 2012. Par comparaison, celui de l'alcool est estimé à 15 milliards d'euros et celui du tabac à 26,6 milliards d'euros[4].

ÉVOLUTION DU SURPOIDS ET DU CHIFFRE D'AFFAIRES DE L'INDUSTRIE AGROALIMENTAIRE EN FRANCE[5]

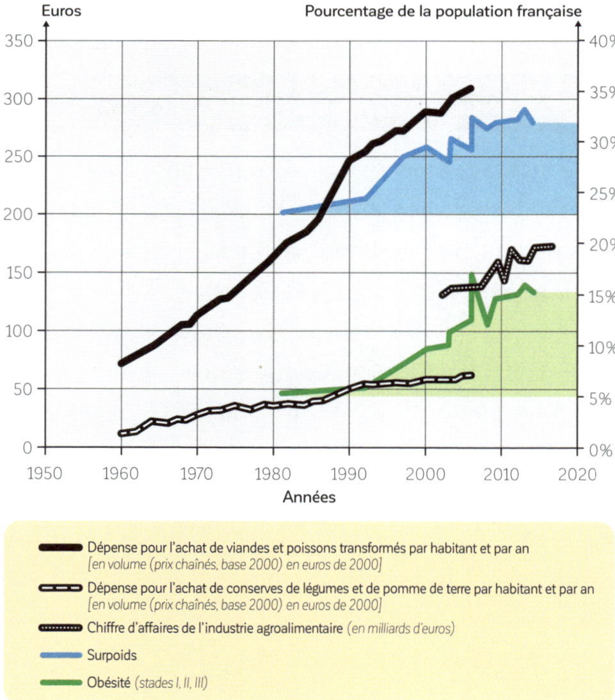

On observe sur ce graphique une corrélation entre la consommation de plats préparés, le chiffre d'affaires de l'industrie agroalimentaire et l'augmentation du surpoids et de l'obésité en France.

LA MALBOUFFE, RESPONSABLE NUMÉRO 1 DES MALADIES CHRONIQUES

Au fil des auditions, la corrélation entre « malbouffe » et épidémies de maladies chroniques s'est affinée, documentée. La passivité ancienne des pouvoirs publics s'est rapidement ajoutée au tableau… et l'impact socialement marqué a fini de dessiner le désastre.

Le constat est aujourd'hui incontestable. Les études scientifiques (épidémiologiques et sociologiques) s'accumulent et décrivent une situation peu réjouissante : la mauvaise alimentation est la cause d'une épidémie mondiale de maladies chroniques dont l'ampleur doit alerter les pouvoirs publics, à commencer par les ministères de la Santé.

Selon le chercheur Anthony Fardet de l'Inra, qui s'appuie sur les données de la Sécurité sociale, 36 % des décès enregistrés en 2010 peuvent être directement ou indirectement attribués à une mauvaise alimentation (respectivement 24 % pour les maladies cardio-vasculaires, 10 % pour les cancers et 2 % pour le diabète)[6]. Ces liens entre malbouffe et mortalité ont été confirmés par de nombreux chercheurs.

Par exemple, une grande étude internationale parue en mai 2019 dans *The Lancet* a établi qu'une mauvaise alimentation est responsable de plus de décès que le tabagisme et l'hypertension. En 2017, estiment les auteurs de ce travail, la malbouffe est devenue la première cause de décès chez les adultes, tous pays confondus[7].

Au-delà du volet financier, l'aspect humain s'impose à nous : une mauvaise alimentation rend malade, voire tue. Ne dit-on pas communément que la nourriture est notre premier médicament ?

LES CATÉGORIES POPULAIRES DUREMENT TOUCHÉES

La stigmatisation des personnes en surpoids ou obèses leur fait porter individuellement une responsabilité qui est pourtant d'ordre public. Les personnes obèses sont l'objet quotidien de discriminations, qu'il s'agisse de l'accès aux études supérieures ou à l'emploi. L'obésité est également un facteur de déclassement social[8].

Cela est sans aucun doute lié à l'idéologie libérale et individualiste dominante qui s'insinue jusque dans notre apparence, faisant la part belle au « quand on veut, on peut », les personnes obèses étant tenues pour responsables de leur situation. Pourtant, les apports de la médecine et de la sociologie sur ces questions démontrent tout autre chose. Si pour une partie de la population obèse, une prédisposition génétique ou liée au microbiote a pu être mise en avant[9], le niveau de revenu interviendrait également.

Les catégories populaires, soit les 20 % des ménages les plus modestes, sont encore davantage touchées par le phénomène. Leurs dépenses, bien qu'assez faibles en valeur absolue, sont incompressibles. D'après l'Insee, les ménages les plus modestes dépensent en moyenne 140 € par mois et par personne pour remplir leurs placards, contre 257 € en moyenne par mois et par personne pour les 20 % de ménages les plus aisés.

Or, la proportion d'obèses chez les enfants d'ouvriers est quatre fois supérieure à celle des enfants de cadres. Dans le système actuel, où manger mieux coûte souvent plus cher, les plus fragiles n'ont donc aucune marge de manœuvre. Et comme souvent en matière de santé, le fait de se trouver au bas de l'échelle des salaires agit comme un facteur aggravant.

En raison de leur budget très serré, les ménages modestes, par rapport aux ménages aisés, consomment des produits de moindre qualité nutritionnelle. C'est charcuterie et poisson en conserve pour les uns, viande et poisson frais pour les autres[10].

Cette différence sociale est également marquée par une fracture très nette pour ce qui est de la part de la nourriture industrielle. Les familles modestes consomment plus de plats préparés de type pizza, sandwiches et boissons non alcoolisées sucrées[11].

On retrouve ce hiatus dans la consommation de légumes. Les familles modestes mangent moins de légumes que les familles à hauts revenus, et elles les achètent plus souvent sous forme de plats cuisinés contrairement au reste de la population[12]. La dimension sociale du problème s'ajoute donc à la dimension sanitaire.

Les effets délétères de ces mauvaises pratiques alimentaires peuvent s'expliquer par un mauvais équilibre nutritionnel, un excédent calorique mais aussi une intoxication chronique due à des cancérogènes, mutagènes et reprotoxiques

(CMR) ou des perturbateurs endocriniens (PE), ou par tous ces facteurs. Il s'agit donc d'un enjeu majeur de santé publique dont le législateur doit s'emparer de façon urgente et résolue.

COMMENT L'ALIMENTATION REND MALADE

Nous savons depuis des décennies que le régime alimentaire de type occidental, avec beaucoup de protéines carnées, de laitages, de gras, de sel et de sucres, est lié à une augmentation des risques d'obésité[13], de diabète de type 2, de maladies cardio-vasculaires et de cancers ainsi qu'à une augmentation de la mortalité. Mais jusqu'à une date récente, on avait négligé l'impact de **la transformation des aliments** sur la santé. Ce n'est que depuis peu que des études scientifiques et des chercheurs comme Anthony Fardet de l'Inra ont alerté sur les risques liés à une alimentation industrielle. Au cœur de ce phénomène : le concept d'aliment ultra-transformé, c'est-à-dire un aliment dont la structure d'origine, **la matrice**, c'est-à-dire la structure ou la texture, a été dénaturée.

Or la structure d'un aliment a un impact sur la cascade de réactions physiologiques et biochimiques qui se produisent au cours de la mastication, de la digestion, et influencent la satiété, le niveau de sucre sanguin, ou encore la flore intestinale. Elle a donc des conséquences importantes sur le contrôle du poids, l'équilibre métabolique, l'état de santé.

Beaucoup d'« aliments » industriels sont constitués d'un assemblage d'ingrédients : ils ont perdu les caractéristiques protectrices de la nourriture brute ou peu transformée. Ils

ALIMENTS BRUTS *VERSUS* ALIMENTS ULTRA-TRANSFORMÉS

	ORANGE	JUS D'ORANGE SANS PULPE
Sucres*	7,92	8,9
Fibres*	2,2	0,6
Additifs	0	0
IG	42	52

	PAIN AU LEVAIN (FARINE T80)	PAIN DE MIE BLANC
Sucres*	2,4	7,7
Fibres*	4,2	3,9
Additifs	0	0
IG	60	74

	POMME DE TERRE BOUILLIE	PURÉE INSTANTANÉE
Sucres*	0,87	2,4
Fibres*	1,6	0,9
Additifs	0	2
IG	60	85

	RIZ BASMATI	GALETTE DE RIZ SOUFFLÉ
Sucres*	0,2	0,5
Fibres*	0,8	3,3
Additifs	0	0
IG	58	80

* : Teneur en grammes pour 100 g d'aliment

contiennent aussi moins de fibres, plus de sucre, d'additifs, ont un index glycémique élevé.

QU'EST-CE QU'UN ALIMENT ULTRA-TRANSFORMÉ ?

Contrairement à ce qu'on croit spontanément, les aliments ultra-transformés (AUT) ne se résument pas aux aliments traditionnels de la malbouffe comme les sodas ou les frites. En réalité, les AUT représentent 80 % de l'offre actuelle en supermarché, y compris dans les rayons diététique, bio ou « végétarien » (la plupart des steaks végétaux sont des AUT). Ces aliments représentent plus du tiers des aliments consommés par les Français. D'après les chercheurs, ils seraient la première cause de mortalité précoce dans les grandes villes.

Un régime alimentaire basé sur des aliments ultra-transformés crée un terrain favorable au développement des maladies chroniques non transmissibles.

C'est la conclusion de très nombreux travaux, dont l'étude scientifique française faisant désormais référence, NutriNet-Santé. Elle a établi un lien entre consommation de plats préparés par l'industrie, souvent ultra-transformés et plusieurs risques pour la santé : maladies cardio-vasculaires[14], dépression[15], troubles digestifs[16] et même cancer[17]. À cet égard, bien que ses auteurs soulignent la nécessité d'études plus approfondies, leur conclusion est implacable : « La consommation d'aliments ultra-transformés a été associée avec un risque global plus élevé de cancer. » Dans cette étude, ce risque est accru de 6 à 18 %.

DE L'INACTION DES POUVOIRS PUBLICS

Tous ces problèmes liés à cette alimentation industrielle sont connus des pouvoirs publics. Mais ces derniers brillent depuis des décennies par leur inaction, laissant l'industrie agroalimentaire prospérer sur une législation nationale et européenne laxiste, au détriment de notre santé, au mépris du sens et de la rémunération du travail des paysans et aux dépens de notre environnement.

Pourtant, les alternatives existent et sont nombreuses.

J'ai qualifié de façon à peine provocante cette situation « d'association de malfaiteurs » lors de la présentation de la commission d'enquête à la presse nationale en septembre 2018. Avant cette formule lapidaire, je me suis longuement penché sur l'analyse de ce dilemme : alors que les industriels, les ministères (et donc les ministres successifs) et les scientifiques savent les dangers que fait courir l'alimentation industrielle à la santé de la population, à sa structure sociale et à l'environnement et que des fédérations, des syndicats agricoles, des collectivités territoriales et des associations proposent des alternatives, pourquoi la situation perdure-t-elle dans un immobilisme coupable ? Est-il si difficile d'améliorer les choses, aux bénéfices de toutes les parties ?

Avons-nous abdiqué, abandonné ce pouvoir sur nos assiettes ? Poser la question, c'est déjà apporter un début de réponse, une direction à suivre : ce pouvoir sur nos assiettes est éminemment politique. Actuellement, les intérêts économiques de quelques-uns priment sur l'intérêt sanitaire général. Cela n'est pas souhaitable, plus possible, pas acceptable quand on est un responsable politique, c'est-à-dire, si l'on se réfère à la définition du *Larousse* quelqu'un de « réfléchi, sérieux, qui prend en considération les conséquences de ses actes ».

Je vous propose, au fil des pages qui suivent, que de l'assiette au champ, nous remontions la chaîne de la nourriture industrielle, de ses conséquences désastreuses mais aussi des solutions qui existent et que je vais détailler. Reprenons le pouvoir politique sur nos assiettes !

La malbouffe, qu'est-ce que c'est ?

Chacun de nous se fait une idée de ce qu'est la malbouffe, souvent d'ailleurs en excluant, plus ou moins consciemment, ses propres habitudes alimentaires de ce cadre peu flatteur. Il me paraît donc indispensable de définir les contours de ce que je présente sous le terme de malbouffe.

La malbouffe, ce n'est malheureusement pas seulement les produits servis dans les fast-foods, même si c'est là souvent la première image qui nous vient à l'esprit. Bien évidemment, la nourriture de fast-food fait partie de la grande famille de la malbouffe. En fait, le fast-food est le mode de distribution d'une offre de « restauration » qui implique quasi automatiquement l'utilisation de produits très transformés. Et ces produits font bien souvent partie de la malbouffe. Mais il serait trompeur de se limiter aux produits transformés et ultra-transformés.

J'inclus dans la malbouffe l'ensemble des produits alimentaires qui peuvent avoir un effet négatif sur notre santé, à court terme ou à l'échelle d'une vie, quel que soit leur mode de diffusion. Il s'agit donc :

- d'aliments contenant en excès sucre, sel ou acides gras saturés. Quand je parle d'excès, cela doit s'entendre au regard du poids relatif de chaque aliment dans notre ration alimentaire quotidienne ; des anchois par exemple, pourtant très salés, ne relèvent pas de la malbouffe, car nous n'en faisons jamais des festins ;
- de produits industriels contenant des additifs, souvent en grand nombre ;

- de produits bruts contenant des résidus de pesticides à un niveau détectable ;
- des aliments transformés et/ou ultra-transformés développés par l'industrie et qui ont été totalement déstructurés ; ils cumulent les problèmes car ils contiennent massivement des additifs et souvent des résidus ;
- de plats préparés conditionnés dans des contenants plastique ou papier qui contaminent les aliments en perturbateurs endocriniens (PE) ou hydrocarbures d'huiles minérales (MOH) ; ces aliments appartiennent par ailleurs souvent à la catégorie des aliments transformés ou ultra-transformés contenant des additifs… un malheur n'arrive jamais seul, dit-on !

TROP SUCRÉ !

Autre problème dans notre alimentation quotidienne : l'apport en sucres, bien supérieur à ce que nous pensons. Et je ne parle pas ici des sucres qui sont évidents, tels les morceaux qu'on plonge dans son café. Je ne parle pas non plus des aliments qui apportent naturellement des sucres, tels les fruits qui contiennent du fructose, le lait qui apporte du lactose ou le miel qui renferme glucose et fructose. Je veux dénoncer ici les sucres cachés.

La question de la teneur en sucres d'une salade de crudités, *a priori*, ne devrait pas se poser. Sauf si c'est un produit de l'industrie agroalimentaire !

Dans l'excellent documentaire *De la drogue dans nos assiettes*, réalisé en 2013 par Sylvie Deleule, une nutritionniste en visite dans une grande surface met en évidence l'ajout de sucre dans la vinaigrette de carottes râpées industrielles. J'ai fait la même expérience avec le panier test évoqué ci-contre. Dans les carottes râpées industrielles achetées au supermarché, il y avait là aussi ajout de sucre.

Pourtant, le sucre ne paraît pas du tout indispensable à une vinaigrette. Sauf si les carottes n'ont pas de goût, ce qui est le cas des carottes industrielles. Je reviendrai sur cet aspect pervers d'une production standardisée et industrialisée sans saveur, et donc l'ajout systématique d'exhausteurs de goût. « Exhausteurs de goût », tel est le nom barbare pour les « additifs » qui permettent de « relever » une saveur peu prononcée.

Le sucre est bien un exhausteur de goût, et il est normal pour les papilles de l'être humain d'aimer le goût sucré. Notre corps a une appétence naturelle pour le sucre, car c'est un élément calorique qui apporte de l'énergie ; et comme tous les êtres vivants, nous voulons de l'énergie pour pouvoir continuer à vivre. Sauf que, contrairement à nos lointains ancêtres, nous ne dépensons plus autant d'énergie pour notre vie de tous les jours. Et surtout, le sucre est beaucoup plus disponible qu'avant. Il est même trop disponible pour notre physiologie. Il est donc normal que nous trouvions que des carottes râpées assaisonnées avec une vinaigrette sucrée soient agréables au goût, car les carottes mises en œuvre par l'industriel ne sont pas naturellement « goûteuses ». Ce qui n'est pas normal, c'est que quelqu'un se soit dit qu'il allait ajouter du sucre à une vinaigrette.

EXPÉRIENCE N°1 : LE TEST DU PANIER SUCRÉ

Pour les besoins de ce test des sucres cachés, je me suis prêté à l'exercice suivant : j'ai acheté des aliments préparés, basiques ou ultra-transformés. Mon panier test contenait quelques produits que je savais sensibles : des yaourts à boire pour les enfants, des céréales pour le petit déjeuner et des lasagnes « industrielles ». Évidemment, tous contenaient du sucre, en quantité variable.

COMBIEN DE SUCRES SE CACHENT DANS MON PANIER ?

LASAGNES INDUSTRIELLES MONIQUE RANOU®

250 g (1 portion)

Sucres (en g)

=

8,9

+

ALL-BRAN KELLOGG'S®

40 g (1 portion)

Sucres (en g)

=

7,2

+

CAROTTES RÂPÉES PIERRE MARTINET®

100 g (1 portion)

Sucres (en g)

=

5

+

P'TIT YAB PÂTURAGES®

180 g (1 bouteille)

Sucres (en g)

=

18

=

TOTAL SUCRE

39 g soit 6,5 morceaux

Si j'ai été surpris de voir que les lasagnes et les carottes râpées contenaient du sucre (respectivement 3,5 et 5 g pour 100 grammes), je l'ai été bien plus par les niveaux trouvés dans les céréales et les yaourts. Il s'agissait des céréales All-Bran® de Kellogg's, un produit qui se présente comme diététique en mettant en avant sa richesse en fibres, et qui cible un public de femmes adultes, du fait de la présence d'acide folique, la vitamine B9 de synthèse, importante aux yeux des femmes enceintes ou cherchant à concevoir.

Ces céréales contenaient environ 18 grammes de sucres pour 100 grammes, c'est-à-dire l'équivalent de trois morceaux de sucre. Mais ce qui est scandaleux, c'est que cette teneur en sucre est relativement faible dans le monde « merveilleux » des céréales du petit déjeuner !

DÈS LE PETIT DÉJEUNER, LA MOITIÉ DU QUOTA DE SUCRE QUOTIDIEN

En 2017, le site LaNutrition.fr a examiné la teneur en sucre de plusieurs marques de céréales pour enfants. Les apports en sucre varient entre 8 et 17 g de sucre par portion de 40 g, soit 20 à 45 % de sucre. Parmi les marques qui en apportaient le plus : Smacks® de Kellogg's (17,2 g), Miel Pops® de Kellogg's (11,2 g), Lion® de Nestlé (10,48 g), Nesquik® de Nestlé (10,08 g). L'OMS estime qu'un enfant (entre 2 et 18 ans) ne devrait pas consommer plus de 100 calories (kcal) chaque jour sous forme de sucre libre, soit 25 g. Donc beaucoup d'enfants avalent déjà dès le matin la moitié de ce quota.

La teneur en sucre régulièrement observée dans les céréales pour enfants est de l'ordre de 30 % comme me l'a rapporté Olivier Andrault, chargé de mission « alimentation et nutrition » de l'Union fédérale des consommateurs UFC-Que Choisir, lors des auditions de la commission d'enquête sur l'alimentation industrielle.

S'il y a bien une population littéralement gavée de sucre, c'est celle des enfants. Dans notre panier garni, les yaourts à boire aromatisés à la fraise ont décroché le pompon du sucre caché. Ces yaourts à destination des enfants, au vu de la jolie vache présente sur l'emballage tout droit sortie d'un dessin animé, contenaient près de 10 % de sucres dont la majorité a été ajoutée au produit. Soit l'équivalent de deux morceaux de sucre et demi pour une petite bouteille individuelle de 180 ml ! Pour l'anecdote, ces yaourts à boire à la fraise ne contenaient par ailleurs pas le moindre gramme de fraise.

Et pourtant, une trop forte consommation de sucre a des conséquences pour la santé qui peuvent être désastreuses.

Je pense superflu de dresser la longue liste des méfaits du sucre ajouté sur la santé, nous les connaissons tous. Au-delà des problèmes dentaires, au-delà de la résistance à l'insuline, il s'avère que le diabète et l'obésité sont clairement liés à une trop grande consommation de sucre, notamment dans les aliments liquides comme les yaourts à boire, les boissons aux fruits, les sodas et les « energy drinks ».

Le sucre est composé de fructose et de glucose ; ce fructose est géré par le foie comme s'il s'agissait d'alcool.

Consommé de manière régulière et à haute dose, « *le fructose peut détruire le foie et engendrer les mêmes maladies (toutes les maladies !) que l'alcool, à commencer par un foie gras* » prévient Robert Lustig, professeur de pédiatrie à l'université de San Francisco.

Là aussi, le législateur doit intervenir. Il n'y a aucune raison que les firmes industrielles diminuent de leur propre initiative la quantité de sucre dans leurs aliments transformés, car elles savent que ce sont les produits au goût sucré qui se vendent le mieux.

Pour preuve, à la fin de l'année 2018, le fabriquant de céréales Kellogg's a orienté sa communication sur la baisse de 30 % de sucre pour l'une de ses références pour enfants (Coco Pops), en se vantant de ne pas remplacer ce sucre par un édulcorant (!). Pendant que le marketing bat son plein, et au moment où ce livre est publié, Kellogg's ne diminue absolument pas la proportion de sucre dans d'autres produits : par exemple les Frosties® conservent 37 % de sucre.

TROP SALÉ !

Bien souvent, nous ne savons pas ce que nous mangeons. Il y a une réelle différence entre ce que nous pensons manger et ce qui se trouve vraiment dans notre assiette.

Dans le cas du sel, nous savons tous qu'il faut en limiter la consommation et qu'une surconsommation est néfaste pour la santé, induisant des risques cardio-vasculaires.

D'après l'OMS, une consommation de sel de moins de 5 grammes par jour chez l'adulte contribue à faire baisser la tension artérielle et les risques de maladie cardio-vasculaire, d'accident vasculaire cérébral et d'infarctus du myocarde. Or, 5 grammes de sel, soit l'équivalent d'une cuillerée à café de sel fin, cela est vite consommé. Aujourd'hui notre consommation journalière est presque double.

Par exemple, une demi-baguette, qui correspond à la consommation moyenne des Français, salée selon les recommandations à 18 grammes de sel par kilogramme de farine, contient déjà 1,8 gramme de sel. Or les pains sont souvent bien plus salés que cela, comme l'a rapporté la commission d'enquête sur la nourriture industrielle. Le pain fournirait ainsi jusqu'à 30 % de notre apport quotidien en sel.

Mais nous ne nous nourrissons pas que de pain et d'eau fraîche. Bien souvent, le manque de temps fait que nous mangeons de la nourriture préparée industriellement.

Une demi-baguette apporte 1,8 g de sel

EXPÉRIENCE N°2 : LE TEST DU PANIER SUCRÉ

Je me suis livré à un test pour tenter de mesurer en conditions réelles notre apport en sel sur une journée. De la même façon que pour le sucre, de nouvelles courses alimentaires ont été faites au supermarché près de la permanence parlementaire. Le panier était constitué de produits de consommation courante.

Dans ce panier, il y avait notamment des lasagnes industrielles en portion individuelle (250 g) qui contiennent environ 3,18 g de sel.

Un peu plus diététique, un plat préparé bio « lentilles au tofu fumé et petits légumes » contenait 0,98 g de sel.

Si l'on ajoute les 0,6 g de sel de la portion de fromage (30 g), et les 0,14 g du dessert « mousse de fromage blanc sur lit de fruits », nous sommes déjà à 6,7 g de sel pour une journée, en comptant notre demi-baguette (voir panier page suivante).

Cela sans prendre en compte le sel de la vinaigrette pour les crudités, ni celui de l'éventuelle petite barre aux fruits secs de 17 heures ! Et sans manger ni beurre salé, ni pâtisserie industrielle, ni pizza et encore moins des harengs saurs !

Avec de tels taux, on comprend aisément que les Français consomment plus de 9,7 grammes par jour en moyenne et les Françaises 7,7 grammes[18]. Nous sommes bien loin des objectifs de l'Anses[c], et encore plus loin des recommandations de l'OMS.

c L'Anses fixe l'objectif moyen d'une consommation de sel à 6,5 g/jour chez les femmes adultes et les enfants, et 8 g/jour chez les hommes adultes.

COMBIEN DE SEL SE CACHE DANS MON PANIER ?

LASAGNES INDUSTRIELLES MONIQUE RANOU®

250 g (1 portion)

Sel (en g)

=

3,18

+

LENTILLES AU TOFU FUMÉ ET PETITS LÉGUMES

30 g (1 portion)

Sel (en g)

=

0,6

+

MOUSSE AU FROMAGE BLANC SUR LIT DE FRUITS TAILLEFINE®

100 g (1 pot)

Sel (en g)

=

0,14

+

PAIN + FROMAGE

½ baguette + 30 g (1 portion)

Sel (en g)

=

1,8 + 0,6

=

TOTAL SEL

6,7 g

Ce problème de surconsommation de sel vient du pain, certes, mais également de la nourriture industrielle comme vous venez de le voir. Est-ce que vous mettriez du sel dans votre yaourt à la confiture ? Est-ce que vous verseriez sciemment une demi-cuillerée à café de sel dans votre assiette du déjeuner ? Les industriels, eux, le font.

Le rôle du législateur ne serait-il pas de mettre son grain de sel là-dedans ? Ou plutôt n'est-il pas de retirer le sel des plats préparés avec une législation adéquate, contraignante et progressive ?

Actuellement, rien n'oblige les boulangers ni les industriels à baisser le taux de sel de leurs produits. Rien, hormis les engagements volontaires, dont nous verrons dans la partie suivante de ce livre qu'il s'agit d'une vaste blague, qui ne contraint personne à faire plus « sain ».

UN COCKTAIL D'ADDITIFS

Nous venons de voir l'utilisation excessive faite par l'agro-industrie des conservateurs et exhausteurs de goût naturels que sont le sel et le sucre.

Mais les industriels ont également recours à la chimie pour rendre leurs produits plus appétissants : il s'agit des additifs.

Ils sont faciles à repérer sur un emballage : des mots souvent barbares, suivis de la lettre E et d'un numéro. Ces ingrédients, vous n'en avez pas à l'état brut dans les placards de votre cuisine, et vous ne les ajoutez pas à vos plats quand vous cuisinez.

Certains sont naturels comme le charbon végétal médicinal (E153) des fromages de chèvre cendré, ou la farine de graine de caroube (E410) qui sert d'épaississant. D'autres sont de synthèse comme l'aspartame (E951) et proviennent de procédures complexes de fabrication réalisées par des entreprises spécialisées dans ce domaine particulier de la chimie.

Parmi ces additifs, vous avez sans doute entendu parler de la présence de « nitrites » et « nitrates » dans les produits de charcuterie. C'est une famille de conservateurs qui servent à lutter contre la présence de la toxine botulique et accessoirement à rendre les charcuteries roses (voir tableau ci-contre).

Tous ces nitrites et nitrates sont classés cancérogènes probables par le Centre international de recherche sur le cancer (CIRC)[19]. Ils sont pourtant autorisés à l'utilisation et donc à la consommation. Et cela même en agriculture biologique pour le nitrite de sodium (E250) et le nitrate de potassium (E252).

NITRATES ET NITRITES SOUS FORME D'ADDITIFS

NUMÉRO	NOM	DJA (mg par kg et par jour) *	AUTORISÉ DANS
E249	Nitrite de potassium	0,07	Produits à base de viande, charcuteries
E250	Nitrite de sodium	0,07	Produits à base de viande, charcuteries
E251	Nitrate de sodium	3,7	Produits à base de viande, charcuteries, fromages, poissons préparés
E252	Nitrate de potassium	3,7	Produits à base de viande, charcuteries, fromages, poissons préparés

* La DJA, ou dose journalière acceptable, est la dose maximale journalière d'un additif qui peut être consommée par une personne durant toute sa vie, et pour laquelle les comités d'experts estiment qu'il n'y a pas de danger pour sa santé.

La présence de ces additifs dans les charcuteries est un véritable fléau, alors qu'il existe des alternatives à l'emploi de ces produits. Le documentaire *Cash investigation* d'Élise Lucet sur l'alimentation industrielle (2016) traite ce sujet de manière très précise et pugnace. Elle mentionne un producteur de charcuterie danois qui s'en passe très bien, sans qu'aucun cas de botulisme n'ait été détecté en trente ans. J'ajouterai qu'en France aussi, des industriels (Rostain, Valeurs Bio...) produisent du jambon bio sans nitrite et nitrate. Quelques enseignes proposent leurs produits, notamment les magasins spécialisés en alimentation biologique.

Mais ces sels nitrités ne sont pas les seuls additifs qui posent problème.

Le très instructif *Nouveau guide des additifs* coécrit par le Dr Anne-Laure Denans et LaNutrition.fr dresse la liste des additifs qu'il vaut mieux éviter pour sa santé parmi les 338 autorisés dans l'Union européenne. Un tiers de la liste contient une molécule à éviter !

C'est le cas par exemple, d'un colorant suspecté de favoriser des troubles et déficits de l'attention avec hyperactivité (tartrazine – E102), d'un conservateur perturbateur endocrinien (éthylparabène – E214), d'agents de texture qui favoriseraient les maladies auto-immunes (polysorbates 20, 40, 60, 65, 80 – E432, E434, E435, E436, E433), d'un antiagglomérant pouvant entraîner des troubles de la minéralisation osseuse (sulfate d'aluminium – E520), d'exhausteur de goût reprotoxique chez les souris et favorisant l'obésité chez l'être humain (glutamate monosodique – E621), d'édulcorant potentiellement neurotoxique (aspartame – E951), d'amidon modifié augmentant les risques cardio-vasculaires (phosphate d'amidon – E1410).

Cet inventaire, loin d'être exhaustif, donne un aperçu de l'ampleur du problème. Or là aussi, il y a une solution. Ces additifs sont, pour leur immense majorité, absents de l'alimentation sous label agriculture biologique. Dans ces produits, seuls 48 additifs sont autorisés.

Au-delà de la liste dressée dans cet ouvrage, il convient de regarder cette « affaire » des additifs avec un peu de recul.

Tout d'abord les procédures d'homologation européennes relèvent de l'Autorité européenne de sécurité des aliments (EFSA) depuis 2002, date de création de cette agence. Il en résulte des listes d'additifs autorisés, dites « listes positives » car tout ce qui n'est pas dans cet inventaire est interdit. Les dossiers de demande d'homologation doivent être accompagnés d'études « scientifiques » visant à démontrer l'innocuité des substances chimiques utilisées, pour un usage et une dose. Ces études sont réalisées par les industriels qui font la demande. Ils sont donc juge et partie, peuvent à leur convenance réaliser plusieurs études avec des protocoles différents et ne retenir que celles qui sont favorables afin de les joindre à leur dossier.

L'association UFC-Que Choisir a publié sur son site Internet une liste d'additifs associée à des recommandations[20]. Pour ceux utilisés en bio, seuls deux sont à éviter (les nitrite de sodium et nitrate de potassium que je vous ai présentés précédemment) et un est peu recommandable (phosphate de calcium – E341). Il suffirait donc que les industriels se basent sur la liste des additifs autorisés en bio, en supprimant les sels nitrités, et les problèmes potentiels posés par ces substances pour la santé des populations seraient sinon résolus tout au moins sérieusement réduits.

TROP DE RÉSIDUS DE PESTICIDES

Dernier point noir que je souhaite aborder : celui de la contamination de notre alimentation par les pesticides. Même si, à première vue, les pesticides dans le vin, les légumes et autres antibiotiques dans la viande de poulet ne relèvent pas de l'idée qu'on se fait de la malbouffe, leur présence témoigne du même procédé d'industrialisation de toutes les étapes de la production alimentaire, qui commence par la production agricole.

Député d'une région viticole, je suis particulièrement sensibilisé à la présence de résidus de pesticides dans le vin[d], grâce notamment au travail et à l'engagement remarquable de deux militantes : Marie-Lys Bibeyran, du Collectif Info Médoc Pesticides, et Valérie Murat, d'Alerte Aux Toxiques.

Ces deux femmes, issues du milieu de la vigne, ferraillent depuis plusieurs années pour promouvoir une agriculture sans pesticides, à commencer par les plus dangereux, les fameux CMR (cancérogène, mutagène, reprotoxique) et PE (perturbateurs endocriniens). Leurs actions coup de poing consistent, entre autres, à faire régulièrement analyser les grands crus bordelais, dont ceux de l'ancien président du très

d J'ai d'ailleurs déposé en juin 2018 une proposition de loi pour limiter l'exposition de la population aux pesticides qui attend toujours d'être mise à l'ordre du jour de l'Assemblée nationale.

prestigieux Conseil interprofessionnel du vin de Bordeaux (CIVB) afin d'y traquer la présence de résidus de pesticides CMR[21]. Malheureusement pour les amateurs de vin, ceux qui ne sont pas bio sont tous contaminés !

Mais il en va de même pour les fruits et légumes comme l'a mis sous le feu des projecteurs un accablant rapport de l'ONG Générations futures, paru en juin 2019 (lire encadré page 40).

Ces contaminations ne sont pas nouvelles ; d'ailleurs, la DGCCRF avait observé en 2009 que 40 % des fruits et légumes présentaient des résidus de pesticides d'après des chiffres cités dans le rapport rédigé en 2012 par Nicole Bonnefoy, sénatrice, au nom de la mission commune d'information sur les pesticides et leur impact sur la santé et l'environnement[22]. À ce sujet, cette partie du rapport est très étonnamment tournée car bien qu'elle indique également que 31 % des céréales présentent des traces de résidus de pesticides, elle joue sur le fait que les taux ne dépassent que très rarement (dans moins de 5 % des cas) les limites maximales de résidus (LMR) pour conclure que la situation est globalement bonne. Avec plus du tiers des fruits, des légumes et des céréales contaminés par des résidus de pesticides. Drôle de notion de ce qu'est une situation « bonne », d'autant plus que ce rapport adopte un ton général très lucide sur le problème des pesticides en France. Mais ce qui est nouveau avec les résidus de pesticides dans notre alimentation, c'est que leur présence soit maintenant de notoriété publique.

DES RÉSIDUS DE PESTICIDES DANS LES FRUITS

Plus de 71 % de fruits et 43 % de légumes non bio consommés en France contiennent des résidus de pesticides, selon un rapport portant sur les années 2012-2017 et publié le 6 juin 2019 par l'ONG Générations futures. L'association actualise un premier bilan publié début 2018 et se base sur des chiffres de la Direction générale de la concurrence, de la consommation et de la répression des fraudes (DGCCRF). Sur les six années, 2,9 % des échantillons de fruits et 3,4 % des échantillons de légumes dépassaient la limite maximale en résidus. Parmi les fruits les plus susceptibles de contenir des résidus : cerises, clémentines et mandarines, raisin, pamplemousses/pomelos, pêches et nectarines, fraises, oranges. Les moins concernés sont les prunes et mirabelles, avocats et kiwis (25,8 %). Côté légumes, on trouve surtout des résidus dans le céleri branche, le céleri-rave, les herbes fraîches, les endives, les laitues, alors que betteraves, madères/ignames, asperges, maïs doux, sont moins concernés.

UNE INDIGESTION D'ALIMENTS ULTRA-TRANSFORMÉS

Mais pourquoi avons-nous une nourriture autant chargée de sucre, de sel, d'additifs et de pesticides ? Il y a deux générations, ce n'était pas le cas. Nous mangions principalement des aliments bruts ou peu transformés et très peu d'aliments très transformés, même si quelques-uns étaient présents comme par exemple le pain blanc.

Or en deux générations, notre mode de production agricole, industrielle et de distribution a changé du tout au tout. Nous sommes passés d'un modèle d'agriculture familiale et vivrière qui laissait une place marginale à l'agro-industrie et dont la grande distribution était absente, à ce que nous connaissons actuellement : la chaîne infernale de la grande surface qui s'approvisionne dans une usine qui, elle-même s'approvisionne dans une ferme-usine.

Soyons honnêtes, l'industrie agroalimentaire existait déjà depuis longtemps au milieu du XXe siècle.

Elle a commencé au XIXe siècle outre-Atlantique en produisant notamment corned-beef, sardines à l'huile, chocolat et sucre raffiné. Mais les aliments qui sortaient de ces usines n'étaient, pour la plupart pas ultra-transformés et surtout, ces aliments très transformés ne constituaient aucunement la base de notre alimentation.

Aujourd'hui les aliments ultra-transformés composent la moitié de notre ration alimentaire.

Ce sont des « produits alimentaires » recomposés à partir d'éléments simples (protéines, fibres, amidon, dextrose, etc.). Ces composants simples sont extraits de produits agricoles fragmentés (pois, maïs, blé, lait...). Ces briques élémentaires les plus utilisées sont au nombre de 1 000 environ. Elles permettent de recomposer, à la recherche des coûts de production les plus bas et au gré des « innovations » marketing, pas moins de 500 000 produits alimentaires différenciés...

Anthony Fardet, un chercheur français spécialiste de ces questions, dit de ces produits sans matrice qu'ils sont de faux aliments car ils n'ont pas de structure. Cela a des conséquences délétères, comme on l'a vu plus haut : faible perception de satiété en les consommant, pas de bénéfice santé du fait de l'absence de fibres, minéraux ou de vitamines, assimilation différente de celle de l'aliment brut originel, et pour couronner le tout, un apport en calories, en sucre, en sel important, hors de toute raison. Autant dire que ces aliments ont sans doute une part importante de responsabilité dans l'épidémie mondiale d'obésité observée, mais aussi dans d'autres maladies chroniques.

LE PLASTIQUE, C'EST PAS FANTASTIQUE...

Au printemps 2017, durant la campagne électorale des élections législatives à Bordeaux, des parents du collectif Cantine sans plastique sont venus m'interpeller sur un sujet à l'époque totalement méconnu du grand public : depuis des années, nos enfants mangent de la nourriture contaminée par des molécules chimiques présentes dans les contenants en plastique, que ce soit la vaisselle des cantines, les sacs qui contiennent les aliments préparés pendant la phase de cuisson ou les bacs de « réchauffe ».

Leur lutte avait commencé quelques mois plus tôt, lorsque des parents avaient appris au retour de l'école par leurs enfants « qu'aujourd'hui ils avaient mangé dans des assiettes orange à la cantine ». Intrigués, les parents vont découvrir avec stupeur que la mairie de Bordeaux avait remplacé les assiettes en porcelaine par des assiettes en co-polyester. Leur inquiétude fut encore plus grande quand, à la faveur de la visite annuelle de la cuisine centrale Bordeaux-Mérignac, ils découvrirent que les aliments étaient eux-mêmes cuits dans des poches en plastique à usage unique plongées dans de l'eau chaude pendant de nombreuses heures, puis réchauffés dans des barquettes en plastique au four. Et que cela n'était pas en contradiction avec les normes d'hygiène en vigueur ! Au contraire, c'est au nom de la lutte contre les intoxications alimentaires que le plastique s'est imposé dans les cuisines centrales.

Les parents ont communiqué aux services municipaux et aux élus toutes les informations scientifiques sur les risques chimiques liés aux plastiques. La mairie de Bordeaux, à la suite d'une réunion avec les parents du collectif et des scientifiques, a consenti à faire tester les assiettes. Pendant qu'un groupe de travail scientifique travaillait sur un protocole de tests pour montrer la présence des molécules potentiellement toxiques, la mairie a fait faire de simples tests de conformité à la règlementation. Quand les résultats sont arrivés, chaque parent a reçu un SMS indiquant que les tests étaient bons. Pourtant, les analyses des assiettes faites par les parents étaient accablantes : présence de bisphénol A, interdit dans le plastique alimentaire, et d'autres substances à l'effet œstrogénique[23].

LE BISPHÉNOL A

Le bisphénol A (BPA) a été synthétisé pour la première fois en 1891 et son activité œstrogénique a été mise en évidence en 1936. Dans les années 1950, on a découvert que le bisphénol A pouvait se polymériser pour former des plastiques de polycarbonate, un produit bon marché, léger, transparent et résistant ayant de nombreuses applications : biberons (usage interdit depuis 2012), emballages, optique, médecine (dispositifs de perfusion, sauf enfants et femmes enceintes). Le BPA entrait aussi dans la composition des résines époxy utilisées comme revêtement des boîtes de conserve. Il est interdit depuis 2015 pour cet usage. On continue de trouver du BPA dans les tickets de caisse à base de papier thermique ; certains distributeurs l'ont banni mais le plus souvent c'est pour le remplacer par ses cousins, les bisphénols S et F, qui ont des effets similaires sur la santé.

Cela confirmait les analyses faites par le Pr George Bittner de l'université d'Austin (Texas) spécialiste des copolyesters qui a montré la perturbation endocrinienne de ces plastiques. C'est-à-dire que les enfants des écoles primaires de Bordeaux ingéraient tous les jours de petites quantités de substances qui agissent sur les récepteurs aux œstrogènes, les hormones féminines qui sont produites par le corps humain. Pourtant les enfants ne mangent pas les assiettes ! Non, certes, mais ces molécules peuvent migrer dans la nourriture lorsqu'elle est en contact avec le plastique, surtout si la nourriture est chaude ou acide, et les assiettes rayées quotidiennement par les couverts des enfants, comme c'était le cas des assiettes témoins. Les grandes barquettes de réchauffe n'ont pu être analysées, mais leur innocuité n'avait pas été prouvée, pour les mêmes raisons de migration de molécules du plastique vers les aliments.

Le pire restait à venir avec les poches de cuisson : là le constat est accablant, les normes elles-mêmes validant un niveau acceptable de « fonte » de la poche, c'est-à-dire une perte de matière plastique dans les aliments cuits et l'eau de cuisson. Ces poches contiennent des plastifiants, phtalates notamment (lire encadré page 46), dont les effets nocifs sur la santé ont été démontrés. Les poches de cuisson utilisées à Bordeaux comportaient même une substance non communicable, protégée par le secret industriel.

FOCUS SUR LES PHTALATES ET LEUR REMPLAÇANT, LE DINCH

Les phtalates sont une famille de plastifiants utilisés dans les conduites en PVC et les récipients plastiques pour les rendre souples. On en trouve aussi dans les cosmétiques et comme agents d'enrobage des médicaments. Ces substances sont des perturbateurs endocriniens : elles affectent notamment la fertilité, aussi bien celle des hommes que celle des femmes. De plus, les garçons nés de mères les plus exposées aux phtalates pendant leur grossesse (surtout via les cosmétiques) auraient un risque élevé d'infertilité. Les phtalates ayant mauvaise réputation, l'industrie a choisi pour les remplacer un autre plastifiant, le DINCH. Mais le DINCH est lui aussi un perturbateur endocrinien : il pourrait conduire au surpoids et interférer avec le système hormonal. Pour limiter l'exposition aux plastifiants, les spécialistes conseillent de bien lire la composition des cosmétiques, ne pas faire chauffer de nourriture au micro-ondes dans des récipients plastiques y compris ceux dits « micro-ondables », et d'une manière générale préférer les matières inertes (verre, céramique...).

PLASTIQUE AU MENU : COMMENT EN EST-ON ARRIVÉ LÀ ?

par Magali, membre du collectif bordelais Cantine sans plastique

Jusqu'aux années 1980, la restauration scolaire était gérée par les collectivités locales de manière directe (régie) ou indirecte. Ce sont alors les caisses des écoles qui « administrent » l'organisation de la pause méridienne et des repas, la collectivité finançant les salaires des agents et les approvisionnements. Ce système existe encore à Paris où la caisse des écoles de chaque arrondissement s'occupe de la restauration scolaire. Les années 1980 voient arriver de nouveaux acteurs dans ce secteur qui s'ouvre au marché. Des prestataires comme la Sodexo bénéficient de la privatisation de ce service.

La recherche de coûts de production très bas conjuguée à l'impératif de limitation des intoxications alimentaires amène à privilégier des contenants alimentaires en plastique et un système de liaison froide. On prépare les repas dans une cuisine centrale où ceux-ci sont confectionnés à l'avance (trois jours maximum) puis refroidis et conservés au frais (trois jours maximum), avant d'être transportés dans des camions frigorifiques jusqu'aux restaurants scolaires appelés « satellites ».

Une fois sur place, les repas sont réchauffés dans les fours traditionnels pendant 60 minutes. La nourriture doit atteindre 63 °C à cœur pour détruire les germes les plus dangereux. Sous l'effet de la chaleur et selon la composition des aliments, les barquettes se dégradent et relarguent des molécules potentiellement nocives pour les convives.

Une fois le repas fini, la barquette est jetée avec les aliments. Elle finira incinérée ou enfouie avec les ordures ménagères. Le jetable est alors promu comme la solution pour réduire les coûts de personnel et simplifier les tâches. On peut ainsi supprimer les postes spécifiques de cuisinière ou de cantinière et solliciter des agents polyvalents pour réchauffer les barquettes, servir et remettre en ordre la cantine. Les collectivités qui en ont les moyens – car les investissements sont conséquents pour pouvoir centraliser les cuisines et utiliser la liaison froide – adoptent ce système.

Elles sont aidées en cela par des cabinets de conseil qui profitent de l'incompétence des élus dans un domaine devenu très technique et régi par de nombreuses normes : aide à la rédaction des appels d'offres et marchés, assistance à maîtrise d'ouvrage (AMO), réduction des coûts. Leur activité dépend étroitement de l'externalisation de la restauration collective, puisqu'elle consiste essentiellement à accompagner la collectivité dans l'organisation de ce marché.

Parfois, les entreprises de l'emballage alimentaire proposent de récupérer les barquettes en plastique usagées. Elles sont alors transformées en granules destinées à faire des plastiques non alimentaires comme des pots de fleurs. Dans ce cas, l'avantage du jetable en termes de réduction de coût et d'emploi disparaît : les agents doivent les nettoyer et les faire sécher avant la collecte. Aujourd'hui, l'économie circulaire promue par le gouvernement et par la Commission européenne vise à transformer ces déchets plastiques en gisement de matière première. Mais attention : le recyclage conduit à mélanger les plastiques d'origines différentes, sans garantie qu'ils sont exempts de substances interdites comme le BPA ou nocives.

La solution est donc assez simple : revenir à des pratiques plus saines, plus respectueuses des convives et des personnels qui les nourrissent. En privilégiant une cuisson et une préparation des repas dans des récipients en inox ou en verre, on supprime les déchets et on réduit significativement l'exposition des enfants aux substances nocives comme les perturbateurs endocriniens.

Mais cela ne peut se faire sans avoir des agents en nombre suffisant pour confectionner et servir les repas. Ni sans adapter les postes de travail aux tâches que le plastique jetable avait rendues inutiles.

MOINS DE PLASTIQUE DANS LES CANTINES DÈS 2025

Cette situation n'est pas une particularité locale bordelaise ! Elle est le fruit d'une organisation des cuisines collectives et notamment scolaires depuis de nombreuses années. Mutualisation des petites cuisines des établissements vers des cuisines centrales pour « optimiser les coûts », réduction du personnel, industrialisation des procédés, utilisation massive de matériaux à usage unique. Fort logiquement, devant ce constat partagé dans de nombreuses villes, des collectifs se sont créés et ils ont décidé de se livrer à un bras de fer avec les élus municipaux et d'interpeller les candidats aux élections législatives.

Je me suis tout de suite engagé et j'ai combattu sur le terrain législatif (Loi Agriculture-Alimentation de 2018) pour que ces pratiques changent. Ce combat n'a pas été de tout repos, et des arguments d'une totale mauvaise foi ont été invoqués. La palme revient à Stéphane Travert, ministre de l'Agriculture de l'époque, qui, pour motiver son avis défavorable à mon amendement visant la suppression des contenants en plastique en contact avec de la nourriture ou des liquides chauds dans la restauration scolaire en 2019, a invoqué le fait qu'il n'y avait pas de solution alternative existante et qu'il fallait laisser les pôles de recherche et développement travailler pour trouver des solutions de remplacement.

Cela prêterait à rire s'il ne s'agissait pas de la santé de nos enfants. Monsieur le Ministre était tout simplement en train de nous dire qu'il fallait inventer des solutions « innovantes » de remplacement, alors que la porcelaine, le verre trempé et l'inox existent depuis des décennies et ont fait leur preuve. Pourquoi vouloir à tout prix inventer des assiettes en bambou ou je ne sais quel matériau biosourcé composite qui pourrait poser les mêmes problèmes de santé que le plastique, si les colles et vernis utilisés sont des CMR ou des PE, alors que des solutions en matériaux inertes existent ?

Il s'agit là toujours de la même raison : compression du personnel. Le sujet du plastique dans les cantines scolaires soulève le lien entre les problématiques de santé et les problématiques sociales. Lorsque l'on touche au social, c'est la santé qui trinque.

J'ai donc porté des amendements à l'Assemblée nationale pour faire interdire cette pratique du plastique dans les cantines. Finalement, grâce au collectif Cantine sans plastique et à la mobilisation de député.e.s de tous bords, un amendement a été adopté dans la loi EGalim pour interdire le plastique dans les cantines scolaires à l'horizon 2025 (2028 pour les plus petites communes). C'est un début de victoire. Mais les pensionnaires des Ehpad, des hôpitaux, des restaurants d'entreprise continueront à manger des plats cuits, réchauffés et servis dans des contenants en plastique.

Pour mieux comprendre comment on a pu en arriver là et comment on peut revenir à un contenu raisonnable dans notre assiette, je vous propose, dans les deux parties suivantes de remonter la chaîne de construction, ou plutôt le cercle vicieux de l'émergence de cette malbouffe, depuis les distributeurs, en passant par l'agro-industrie et le modèle agricole qui est sous-tendu. L'expression consacrée, quand il s'agit de production alimentaire, c'est « de la fourche à la fourchette » ; commençons donc par regarder où et comment sont produits nos aliments, en commençant par la fourche.

Comment en est-on arrivé là ?

Notre alimentation provient de la production agricole. Si je dois le rappeler ici, c'est bien parce que cette évidence n'en est plus une.

Il n'est pas rare aujourd'hui que nos enfants ne fassent pas le lien entre la vache qu'ils aperçoivent (parfois) sur le bord d'une route et la brique de lait qu'ils voient sur les rayons des supermarchés.

Mais face aux produits transformés, sommes-nous plus malins que nos enfants ? Ils affichent des listes de dizaines d'ingrédients que nous sommes bien incapables d'identifier pour ce qu'ils sont, ou dont nous ignorons les matières premières qui les composent ! Heureusement, notre alimentation est aujourd'hui encore en grande majorité issue de production agricole, même si la chimie s'y invite de plus en plus. S'y invite même trop.

Regardons de plus près ce qui s'est produit depuis un demi-siècle. Il faut d'abord savoir que dans les années 1960, les foyers français consacraient 35 % du budget familial à la nourriture. Aujourd'hui, nous dépensons deux fois moins proportionnellement à nos ressources financières !

Cette évolution est à mon sens l'illustration de changements sociétaux qui doivent être soulignés, quels que soient l'analyse ou le jugement que l'on peut porter.

L'organisation de nos vies s'est profondément transformée. La répartition entre temps de travail, temps de loisir, temps disponible pour cuisiner, aussi.

Ces changements ont aussi touché les structures qui accompagnent notre consommation : elles ont subi de grandes mutations avec notamment l'avènement des grandes surfaces qui s'est directement accompagné de la disparition des petites épiceries et magasins de village ou de quartier.

Les nouveaux modes de distribution ont, dès leur origine, organisé leur modèle économique sur la proposition de denrées à bas prix. Pour cela, ils ont recherché la massification de la production de matières premières agricoles. Cette industrialisation de la production promettait des prix cassés en misant sur une « optimisation » des coûts de production.

La norme est devenue la production agroalimentaire industrielle, alors que la production artisanale est maintenant marginale. L'achat direct chez les producteurs a quasiment disparu avec la réorganisation du monde agricole, la disparition massive du nombre d'agriculteurs et la course à l'agrandissement.

Lancées en 2001, les Associations pour le maintien d'une agriculture paysanne (AMAP) regroupent près de 10 000 producteurs qui délivrent à plus de 250 000 adhérents des paniers prépayés dont la composition évolue selon la saison et la production du moment[e]. S'il est intéressant socialement et pour l'environnement, ce mouvement n'a cependant pas fondamentalement changé les rapports de force.

e AMAP : Association pour le maintien d'une agriculture paysanne. Les AMAP sont des associations de groupement d'achat auprès de producteurs ayant pour but d'assurer à ces derniers

Notre alimentation s'est inscrite également dans cette évolution. Aujourd'hui, la consommation de produits bruts n'est plus la norme : les aliments transformés ou ultra-transformés représentent plus de la moitié de notre ration alimentaire.

OÙ VA NOTRE ARGENT ?

Alors, pour revenir sur le budget que nous consacrons à nous nourrir, il est à noter que nous ne dépensons plus notre argent dans les mêmes magasins, chez les mêmes « acteurs économiques ».

Aujourd'hui, les dépenses liées à notre alimentation (232 milliards d'euros en 2014) se répartissent d'une façon nouvelle. Nous faisons 80 % de nos achats dans la grande distribution. Cela explique le cercle « vicieux » dans lequel nous sommes pris. Les grandes surfaces ont capté une grande partie de l'argent que nous dépensons pour notre nourriture, sur la promesse de nous offrir sans cesse et quasiment sans limite les prix les plus bas, pour satisfaire notre « pouvoir d'achat ».

Regardons ce qui se passe lorsque nous dépensons 100 euros pour notre alimentation. Selon l'Observatoire de la formation des prix et des marges des produits alimentaires de FranceAgriMer, en 2013, la production agricole ne comptait que pour 6,2 euros, quand l'agro-industrie récupérait 11,7 euros, la restauration 13,9 euros et le commerce 15,4 euros[24].

L'euro alimentaire 2013 décomposé en valeurs ajoutées, importations et taxes

Source : calculs FranceAgriMer – OFPM, données Insee et Eurostat

Le Bureau d'analyse sociétale pour une information citoyenne (BASIC) relève même que dans le budget que nous dédions à notre alimentation, la part que nous donnons à l'agro-industrie et au commerce ne fait que progresser tandis que celle qui revient aux agriculteurs baisse depuis vingt ans[25].

Conséquence : les conditions de rémunération des agriculteurs sont dramatiques. D'après la Mutuelle sociale agricole (MSA), en 2016, près de 20 % des chefs d'exploitation avaient des revenus déficitaires, principalement dans les grandes cultures ou la polyculture-élevage, et 20 % ne se versaient pas plus de 360 euros par mois[26]. J'ose à peine rappeler ici qu'il s'agit là d'une profession touchée par un taux de suicide 20 à 30 % plus élevé que celui du reste de la population.

Nous voyons donc que ces transformations dans notre mode d'alimentation et d'approvisionnement en nourriture font des centaines de milliers de perdants. Et cela sans compter les 510 000 emplois détruits entre 1988 et 2009 dans la filière agricole – une baisse qui se poursuit.

PRODUIRE PLUS AVEC MOINS DE MAIN-D'ŒUVRE

En cela, cette baisse du nombre d'actifs agricoles s'inscrit dans la continuité des choix politiques de la fin des années 1950. Il a été décidé à cette période d'orienter l'agriculture française vers un modèle industriel et productiviste, avec pour objectif de libérer la main-d'œuvre agricole alors très nombreuse – 6,3 millions d'actifs en 1955 (885 000 actifs en 2016, répartis sur 437 000 fermes) – vers le secteur industriel et tertiaire, mais aussi de pourvoir à l'autonomie alimentaire du pays.

L'Institut national de la recherche agronomique (Inra) créé dès la fin de la Seconde Guerre mondiale aura pour mission d'accompagner cette trajectoire : sélection génétique végétale et animale, valorisation des intrants chimiques, utilisation de pesticides. Tout cela pour servir l'objectif assigné par le pouvoir politique : produire plus avec moins de main-d'œuvre.

Pourtant, dès la fin des années 1980 avec l'apparition des premiers quotas laitiers, notre modèle basculait déjà dans le « produire trop » ! Soixante-dix ans après s'être vu assigner sa feuille de route, l'Inra peine à revoir sa mission au service de ce modèle obsolète, comme le montre son incapacité à fournir des scenarii alternatifs solides à l'utilisation du glyphosate quand le gouvernement les réclame en urgence en 2017…

Les pratiques agronomiques ont ainsi évolué pour faire face à la taille grandissante des exploitations. Celui ou celle qui est devenu.e « chef.fe d'exploitation » n'a d'autres choix que de recourir à la chimie et aux agroéquipements (tracteurs, machines agricoles diverses…) pour exploiter des fermes-usines, avec une main-d'œuvre identique en nombre, quand elle n'est pas en baisse.

Cette nouvelle « norme agricole » produit *de facto* des impasses techniques dans lesquelles se trouvent enferrés les agriculteurs. Trop souvent, le demi-tour est impossible : les crédits bancaires interdisent toute bifurcation. La perte de sens pour les agriculteurs est désormais totale, à tel point que certains de leurs représentants, lors de l'audition des syndicats agricoles, ont avoué ne même pas savoir à quoi était destinée une grande partie de leur production.

En plus d'être dans la main de grands groupes industriels, de distribution ou chimiques (pour la production d'intrants), les agriculteurs, par manque de valorisation des alternatives possibles, se sentent forcés d'utiliser des produits dont les effets sur la santé humaine sont au mieux inconnus, et au pire dont il est scientifiquement prouvé qu'ils sont clairement dangereux.

Ces productions, massifiées et standardisées, ont créé des produits aux saveurs, couleurs et calibres standardisés. Les produits agricoles sont majoritairement insipides, d'où le recours aux additifs massifs, au sel, au sucre dans les produits transformés. La spécialisation à outrance des exploitations et l'éloignement avec les consommateurs ont contribué à rompre le lien entre le champ et l'assiette ; et par ricochet à effacer petit à petit une forme de culture alimentaire et culinaire ancrée dans la population depuis des années.

DE L'INDUSTRIE AGROALIMENTAIRE… À LA GRANDE DISTRIBUTION

L'industrie agroalimentaire telle que nous l'entendons aujourd'hui a une existence récente. On peut s'accorder sur une apparition au XIXe siècle, à la faveur d'inventions technologiques. Pour n'en citer que deux parmi les plus marquantes, retenons le procédé d'extraction du sucre (de betteraves) vers 1811 par Jean-Baptiste Quéruel ou l'invention de la « conserve » en 1802, technique dont le nom exact « appertisation » est tiré du patronyme de son inventeur, Nicolas Appert. Dans le sillage de ces premières innovations technologiques, les grandes firmes ne se développeront qu'à l'orée du XXe siècle pour finalement ne prendre leur essor qu'à l'issue de la Seconde Guerre mondiale.

Cet essor a été concomitant à la transformation de la production agricole dans l'immédiat après-guerre : mécanisation massive et rapide, introduction des intrants chimiques que ce soient engrais ou pesticides. En France, ce changement de modèle agricole a répondu à deux objectifs de la période : le premier, avouable et avoué, était de nourrir la population au sortir de la guerre et assurer la souveraineté alimentaire du pays. Cela a permis de fournir en grande quantité des matières premières agricoles dont la standardisation et le calibrage commencèrent. Le deuxième ne fut pas formulé explicitement : il s'agissait de libérer la main-d'œuvre agricole pour la rendre disponible pour l'industrie et la construction. Si l'objectif de la souveraineté alimentaire fut atteint dès les années 1960 et alors que le chômage de masse ne cesse de progresser, le modèle n'a pourtant pas évolué depuis : produire toujours plus avec moins de main-d'œuvre.

Je distingue volontairement les industries qui transforment et produisent l'alimentation à grande échelle, du réseau qui la distribue (voir la section sur la grande distribution page 69), même si des entreprises initialement spécialisées dans la distribution s'immiscent dans les autres maillons de la chaîne. On pense à Intermarché et sa flotte de bateaux de pêche ou aux usines de production de l'agro-industrie qui préparent des produits estampillés avec la marque d'un distributeur. Ces deux maillons participent à ce que l'on désigne parfois sous le vocable unique « d'industrie agroalimentaire » : ils ont des dynamiques proches qui se répondent et s'alimentent. Je fais cette distinction par souci de compréhension des mécanismes propres (et souvent partagés) de ces deux acteurs avec lesquels nous n'avons pas la même proximité (géographique) ni les mêmes interactions.

DE LA CUISINE FAMILIALE AUX REPAS NOMADES

J'ai expliqué plus haut comment le budget des ménages consacré à l'alimentation a baissé depuis un demi-siècle, passant de 35 % à 19 % des dépenses, derrière le paiement du loyer qui est maintenant le premier poste du budget familial.

Ces modifications des dépenses sont liées à un changement plus global de notre mode de vie depuis la fin de la Seconde Guerre mondiale. Les temps de loisirs se sont accrus, le travail salarié s'est étendu et généralisé aux femmes (fort heureusement) qui étaient bien souvent assignées au travail domestique ; les femmes représentaient environ un tiers des personnes en activité rémunérées au début des années 1960 alors qu'elles constituent environ la moitié de la population active depuis les années 2000[27]. Cela s'est traduit par un réaménagement et une réduction importante du temps de travail non rémunéré des mères de famille pour assurer l'approvisionnement et la préparation des repas quotidiens.

Des courses quotidiennes des années 1970, nous sommes passés à des courses plus longues le samedi[28]. Le temps de préparation des repas a baissé grâce à l'utilisation des aliments prêts à l'emploi : légumes et poissons surgelés, conserves de viande, plats préparés en conserve ou surgelés, jambon et autres charcuteries, pâtisseries fraîches et biscuits.

Ceci s'est fait au détriment de légumes et poissons frais ou d'éléments bruts tels que la farine de blé, le lait et les légumes secs[29]. L'utilisation des aliments prêts à l'emploi a eu un impact non négligeable puisque le temps consacré à la préparation des repas a diminué de 18 minutes par jour entre 1986 et 2010[30]. Ce temps de travail non rémunéré, car antérieurement réalisé au sein des foyers (et le plus souvent par les femmes) a ainsi été transféré dans la sphère marchande par le biais de repas pris hors domicile et de repas confectionnés à domicile comprenant une part plus importante de produits préparés.

En effet, qui fait encore sa pâte à tarte, sa pizza ou ses crèmes desserts à la maison ? Nous les achetons tout faits. Même des recettes demandant peu de savoir-faire telles que la soupe et la purée sont disponibles en magasin, indiquant bien qu'il s'agit pour les consommateurs de gagner du temps de préparation et non pas d'accéder à des recettes en dehors de leur champ de compétence.

C'est de cette valeur dont se sont emparées l'industrie agroalimentaire et la grande distribution.

Autre changement notable : l'urbanisation des populations ; nous sommes de plus en plus nombreux.ses à habiter des villes ou des métropoles. Cet exode n'est pas le facteur le moins impactant sur les modes de transformation et de distribution de notre nourriture. Il a fallu transporter, stocker et distribuer des quantités incroyables de nourriture à des kilomètres de leur lieu de production. Ainsi, l'industrie agroalimentaire a trouvé des arguments d'optimisation logistique pour ses produits transformés. La grande distribution a, quant à elle, imposé ainsi son mode de commercialisation concentré et la chaîne logistique qui lui est liée.

Les moments consacrés à se nourrir et la manière dont nous utilisons les temps de repas ont également changé : moins de temps passé assis, des repas « nomades » plus fréquents. Nous consommons aujourd'hui un « service alimentaire », quand autrefois nos journées s'organisaient autour de repères fixes, où les repas « en famille » tenaient une place prépondérante.

Même si les Français continuent à manger trois repas par jour, le plus souvent avec d'autres, famille ou amis, près de la moitié des travailleurs déclarent de temps en temps sacrifier leur pause déjeuner pour libérer du temps[31]. Bien souvent, le repas n'en est souvent plus un : il s'agit d'un impératif secondaire dans l'organisation de notre vie professionnelle ou sociale.

Nous recherchons donc de nouvelles formes d'aliments pour satisfaire cet impératif, et les industriels ont répondu à cette demande nouvelle, à ce « service alimentaire » qui n'est plus uniquement proposé par la restauration « hors domicile » (le restaurant). Ce changement n'est pas une spécificité française puisque ces nouvelles habitudes dans la prise alimentaire se rencontrent sur toute la planète et notamment dans les pays « industrialisés ».

DE LA CRÈME DESSERT À LA SOUPE EN BRIQUE, LA RÉPONSE DE L'AGROBUSINESS

En matière de comportement alimentaire, l'offre a certainement une très grande influence. Quelques exemples : création de la crème dessert Mont Blanc® dans les années 1950[32] et de la Danette® en pot individuel en 1978[33], lancement en 1986 de la soupe en brique Knorr®, près d'un siècle après le lancement de sa soupe déshydratée[34].

L'industrie agroalimentaire s'est donc emparée de cette valeur financière du service alimentaire pour y répondre dans un marché où la concurrence et la mondialisation ont fait rage avant même que l'on identifie et nomme ces phénomènes. Ce modèle économique en recherche de compétitivité a donc « naturellement » conduit à une concentration des industries alimentaires.

Si cette concurrence s'exerce pour la grande distribution d'abord par les prix proposés aux consommateurs et donc payés aux fournisseurs agro-industriels, ces derniers répondent à cette exigence par une course effrénée aux gains de productivité : automatisation des procédés de fabrication, approvisionnements en matières premières à faible coût (notamment issues du cracking, voir page 96), voire diminution de la qualité des matières premières utilisées.

Comme dans toute autre industrie soumise aux « lois du marché », l'agrobusiness n'échappe pas à la course aux parts de marché. La taille de ses acteurs lui permet d'investir massivement dans la recherche et le développement (1,5 % du chiffre d'affaires en 2008 dans l'OCDE) et bien sûr de façon encore plus considérable dans la publicité pour nous faire avaler les innovations enrichies en additifs : le coût de la communication représente entre 5 et 15 % de leur prix final ! L'effet pervers de cette concentration continue est la disparition progressive des acteurs de plus petite taille, souvent nationaux à défaut d'être locaux.

Pour finir de brosser le tableau sombre de l'agrobusiness, il ne faut pas oublier que la standardisation des produits est poussée à son paroxysme y compris dans leur packaging ou dans les messages publicitaires déclinés de façon quasi identique à l'échelle de la planète, dans un but « d'optimisation » des coûts. Cela aboutit inévitablement à une uniformisation mondiale des régimes alimentaires et des pratiques culturelles qui leur sont associées.

Par ailleurs comme la publicité a pour but de faire vendre et qu'elle atteint plutôt bien cet objectif, il en résulte un gaspillage alimentaire dénoncé universellement qui représente 25 à 30 % des produits alimentaires dans nos pays industrialisés. Je ne reviendrai pas sur les effets négatifs sur notre santé ou sur notre environnement qui, s'ils ne sont pas comptabilisés dans le prix des produits, sont néanmoins payés collectivement par les consommateurs ou les contribuables.

LA PATRIE DES HYPERMARCHÉS

La France est souvent citée pour avoir été le berceau de la grande distribution, notamment des grandes surfaces alimentaires. De fait, Carrefour a ouvert le premier hypermarché le 15 juin 1963 à Sainte-Geneviève-des-Bois : 2 500 mètres carrés (trois fois la superficie des magasins de l'époque) et plus de 5 000 références. Faut-il aujourd'hui s'en réjouir ou s'en vanter ?

Le développement des grandes surfaces s'est accompagné de la promesse de prix bas pour les consommateurs afin que l'alimentation n'engloutisse pas une part trop importante de leur salaire et qu'ils puissent ainsi accéder à d'autres produits. Mais il était impossible pour la grande majorité d'entre nous d'anticiper la spirale infernale dans laquelle nous sommes plongés : chaque semaine, une promotion en chasse une autre. La promesse du prix bas est quasi éternelle et elle alimente ainsi la croyance que la valeur des choses ne se reflète que sur une étiquette de prix. Il en va ainsi pour l'alimentation où l'on finit par intégrer l'idée devenue réalité que se nourrir ne coûte rien. En tout cas, dans ce système de distribution, la nourriture ne vaut rien : elle ne vaut rien nutritionnellement ou pas grand-chose – en effet, les produits les moins chers sont les produits industriels de basse qualité. Et elle ne vaut même pas le travail de ceux qui produisent les matières premières agricoles qui ont servi à fabriquer l'aliment ultra-transformé que nous avalons en vitesse sur un coin de table.

Un demi-siècle de développement de ce modèle plus tard, l'étau se referme sur nous consommateurs. « *En 2018*, rappelle Franck Gintrand dans *Le Jour où les zones commerciales auront dévoré nos villes*, *la France affiche 2 000 hypermarchés et 10 000 supermarchés, soit 500 hypermarchés et 5 000 supermarchés de plus qu'en 2008, auxquels il faut ajouter plus de 800 centres commerciaux représentant 16 millions de mètres carrés.* »

La grande distribution concentre environ 80 % de nos achats alimentaires et les cinq centrales qui contrôlent ce marché ont un poids économique disproportionné. Non seulement nous sommes prisonniers de ce circuit du fait de la disparition des commerces de proximité, éliminés faute de pouvoir lutter contre la « concurrence » des prix cassés, mais les fournisseurs, qu'il s'agisse des agriculteurs ou des industriels de l'agroalimentaire, sont eux-mêmes pressurés sous le joug du poids économique d'une telle puissance.

En effet les fournisseurs ne peuvent plus se passer d'un réseau commercial d'une telle envergure. Ils sont ainsi à leur tour contraints de répondre aux exigences de la grande distribution sauf pour les quelques multinationales dont la notoriété des produits et le marketing agressif leur assurent d'avoir partout et toujours une place en « tête de gondole ».

Pour la grande distribution, l'hégémonie commerciale n'a pas de limite. Après les marques distributeurs, le stade ultime pour maîtriser tous les maillons de la chaîne consiste à produire des matières premières agricoles. Par exemple, la foncière d'Auchan, Immochan (et désormais Ceetrus), investit dans des centaines d'hectares de terres agricoles autour des magasins de la marque pour développer une activité de production locale, de saison et si possible bio...

Il en sera fini du choix qui ne relèvera pas d'un critère de rentabilité économique immédiate dans les rayons.

NOUS NE SOMMES PAS ÉGAUX FACE À LA MALBOUFFE

Il est un constat unanimement partagé : la malbouffe – et donc la prévalence de maladies chroniques – est liée au niveau social des populations, qu'il s'agisse du niveau d'éducation ou du niveau de revenus. Cela est documenté notamment dans le rapport des propositions du Haut Conseil de la santé publique (HCSP) pour une politique nationale nutrition santé (2017-2021)[35].

J'y reviendrai en dernière partie de ce livre mais il faut déjà ici poser un constat clair : il n'est pas vrai que choisir de bien ou mal manger, c'est-à-dire d'une façon plus ou moins néfaste à notre état de santé, relève uniquement d'une responsabilité individuelle. S'exposer à la malbouffe n'est pas un choix délibéré.

Cette exposition relève de nombreux facteurs qui sont fortement liés à la situation sociale des individus : accès partiel ou tronqué à l'information et reproduction de comportements alimentaires familiaux notamment dans l'enfance.

À ce sujet, il est particulièrement éclairant de noter que l'épidémie d'obésité se transmet des parents aux enfants telle une vague de même intensité qui se propage d'une génération à la suivante. Ainsi en 2015, selon Santé publique France, 17 % des adultes (soit 10 millions de personnes !) souffrent d'obésité. Les enfants sont au même moment 17 % à être en surpoids (dont 4 % souffrent d'obésité). Cette transmission dessine malheureusement une reproduction des inégalités sociales de santé à l'échelle de plusieurs décennies.

Alors une fois écartée cette idée que les choix individuels seraient en cause, regardons quels sont les « marqueurs » sociaux en jeu.

Tout d'abord les habitudes alimentaires changent non seulement d'une culture à une autre, mais aussi d'un groupe social à l'autre à l'intérieur d'une même nation. Ces variations s'expliquent par plusieurs facteurs :

- les différences de revenus et donc le budget disponible pour les dépenses contraintes, dont l'alimentation ;
- l'accès à une offre alimentaire variée et de qualité : si vous ne pouvez pas vous déplacer plus loin que le supermarché ou la supérette du coin, il est bien difficile de choisir ses produits ;
- le niveau d'éducation et/ou de connaissances sur le lien entre l'alimentation et la santé (le rôle émancipateur de l'école doit ici nous revenir à l'esprit) ;

- la « réceptivité » aux messages publicitaires, celle-ci étant à mon sens corrélée au point précédent, d'où l'importance du « savoir » pour développer la capacité de déconstruire les arguments marketing et ainsi préserver un « libre arbitre » suffisant face à ce matraquage cognitif.

Par ailleurs, femmes et hommes ont des comportements alimentaires différents : ils ne consomment pas les mêmes produits, ne prennent pas leurs repas de la même manière.

L'étude ESTEBAN de 2014-2016 (rien à voir avec Les Mystérieuses Cités d'or !! ;-)) a révélé que dans notre pays 61 % des hommes dont le niveau d'études est inférieur au baccalauréat sont en surpoids, contre seulement 42 % pour ceux qui ont le niveau bac+3. Mêmes résultats pour les femmes, avec des chiffres de 53 % et de 30 % respectivement.

On voit donc ici l'impact du niveau d'études sur l'exposition aux effets néfastes de la malbouffe.

D'autre part, il est avéré que la nourriture de basse qualité, c'est-à-dire pauvre en nutriments et riche en calories, coûte moins cher qu'une ration équilibrée. Le rapport du HCSP de 2017 cité précédemment (PNNS 4 2017-2021) note qu'une calorie de fruits et légumes coûte environ 5 fois plus cher qu'une calorie de n'importe quel autre aliment ! Cette alimentation à bas prix, de mauvaise qualité nutritionnelle, favorise l'émergence des maladies chroniques, cela est documenté par de nombreuses études scientifiques comme je l'ai expliqué en tout début de cet ouvrage.

Comment dès lors ne pas faire la relation entre la situation économique des foyers et les inégalités sociales face à l'alimentation ? De fait, nos concitoyen.ne.s les plus fragiles économiquement sont contraint-e-s à la malbouffe pour boucler les fins de mois.

Puisque le marché libre produit ces effets pervers, il est nécessaire – et c'est là mon rôle et l'objet de ma réflexion – de repenser politiquement notre modèle alimentaire et donc agricole sur des bases radicalement différentes de celles qui prévalent aujourd'hui. Des produits de qualité nulle sont vendus peu cher à des populations paupérisées et maintenues volontairement dans l'ignorance, alors que les bénéfices de ce business profitent à l'industrie agroalimentaire et à la grande distribution et que les méfaits sur la santé (surtout) mais aussi l'environnement sont payés par tous.

Il est donc urgent que les pouvoirs publics agissent pour encadrer ce marché qui n'a pas exactement les mêmes conséquences que la vente d'aspirateurs ou de vêtements : il a des répercussions fortes et avérées sur la santé des Français.es. Le coût pour notre système de santé de cette mauvaise alimentation est évalué à plus de 40 milliards d'euros. On ne peut pas laisser prospérer cette jungle sans un encadrement législatif ferme obligeant à l'amélioration des pratiques industrielles et conduisant ainsi à l'amélioration de la qualité sanitaire de toute notre alimentation.

Quand les lobbyistes font la loi

À l'origine de mon travail sur l'alimentation industrielle il y a donc la genèse de cette commission d'enquête parlementaire. Le groupe parlementaire d'opposition auquel j'appartiens (LFI) dispose pour chaque session, c'est-à-dire une fois par an, d'un « droit de tirage » pour une commission d'enquête. En clair, il est possible d'imposer le sujet sur lequel nous souhaitons que les travaux d'une commission parlementaire se penchent particulièrement.

Cette commission dispose, pour remplir sa mission, de pouvoirs extrêmement étendus comme ceux d'auditionner toute personne (enquête sur pièces et sur place) qu'elle juge utile de rencontrer. Les personnes convoquées ne peuvent se soustraire à leur obligation de répondre à cette sollicitation.

Par pur formalisme, la création d'une commission d'enquête sur ce droit de tirage est cependant soumise au vote de la commission permanente dont elle ressort. J'ai le souvenir assez précis de ce passage devant la commission des affaires sociales de l'Assemblée nationale où je m'étais donc employé à expliquer le champ d'investigation que je souhaitais explorer, en tant que président (cette fonction étant par convention tacite réservée à un représentant du groupe usant de son droit de tirage).

« Proposition de résolution tendant à la création d'une commission d'enquête sur l'alimentation industrielle : qualité nutritionnelle, rôle dans l'émergence de pathologies chroniques, impact social et environnemental de sa provenance. » Voilà donc le titre de ce que je défendais ce jour-là.

Je pense que l'effroi avait déjà traversé les yeux de la grande majorité des député.e.s avant cette réunion. Ils avaient déjà monté les digues : « *Nous trouvons le sujet tout à fait pertinent, cependant il ne faudrait pas que cela soit un tribunal à charge de l'agro-industrie disait l'un* » ; « *les industriels sont dans une logique vertueuse, il faut accompagner le progrès* » disait l'autre ; « *de nombreux emplois sont pourvus par ces filières, sur nos territoires* » plaidait un troisième.

Le travail de lobbying est donc très tôt à l'œuvre, tant les lignes rouges sont déjà formalisées dans ces propos de « collègues » élu.e.s, avant même d'avoir auditionné quiconque. Pour autant, la commission d'enquête qui devait démarrer ses travaux quelques jours plus tard, composée de trente député.e.s représentant tous les groupes politiques ne déroulerait son travail qu'avec en moyenne deux à trois parlementaires présent.e.s. Hormis le président (votre serviteur) et la rapporteure (du groupe majoritaire).

UN DÉPUTÉ DANS LE VISEUR DE L'AGROALIMENTAIRE

Dès les premières auditions des industriels et de leurs représentants, l'évidence est là : ce sont des acteurs économiques très rodés à ce travail et très bien formés. Tous disposent de « chargé.e.s de relations institutionnelles » qui scrutent le travail législatif, les projets de loi en préparation, l'évolution des textes et même les sensibilités des élu.e.s. Lors des auditions, ce sont ces personnes qui préparent les entretiens mais portent aussi la parole des industriels, définissent les stratégies de « communication ».

C'est ainsi que lors de l'audition de l'Association nationale des industries alimentaires (ANIA), avant même d'avoir eu le temps de poser la première question, je me suis trouvé confronté à un renversement de logique, mis en cause sur des objectifs non avoués et ainsi interrogé sur mes intentions réelles par Mme Catherine Chapalain, directrice générale de l'ANIA le 7 juin 2018[36]. « *Enfin*, a déclaré Mme Chapalain devant la commission, *je voudrais dire que, lorsque nous avons découvert l'intitulé de cette commission d'enquête, nous avons été très étonnés et perplexes. Je ne vous cache pas que nos entreprises adhérentes se sont demandé si cette commission d'enquête avait pour objectif de faire le procès de l'industrie alimentaire. Nous serions donc évidemment intéressés par vos réponses sur ce point.* »

Le processus de mise en doute des sources voire même de mon propre travail commence donc en audition, de façon policée. Mais il ne s'arrête pas là. Très peu de temps après les premières auditions, j'ai vu apparaître sur Internet des articles destinés à décrédibiliser mon travail : mon nom cité, mon « incompétence » relevée ! La routine.

En parlant de routine, je ne peux pas éluder cette pratique habituelle du « pantouflage » de certains cadres du service public vers les entreprises privées. Là encore, l'ANIA fait figure d'exemple emblématique. En effet, pour son audition par la commission d'enquête, l'ANIA avait dépêché une délégation nombreuse, au sein de laquelle on remarquait la présence de Mme Eklou-Kalonji, la responsable « nutrition santé ». Une personne d'une grande compétence, connaissant parfaitement ses sujets et notamment celui des procédures d'autorisation de mise sur le marché et des relations avec les agences sanitaires nationale (Anses) et européenne (EFSA). Et pour cause. Elle a été en charge de ces questions pendant plus de quinze ans au sein de l'Anses. Connaître les rouages d'une agence, et les ancien.ne.s collègues qui y travaillent encore, ça peut être utile quand il s'agit de présenter des dossiers à ces organismes d'évaluation.

LE LOBBYING SE PRATIQUE EN PYJAMA !

D'une façon plus générale, les tentatives d'influence auxquelles j'ai été confronté sont classiques.

La première, à laquelle j'ai réagi publiquement, n'est pas directement sur le sujet de la malbouffe mais elle est assez emblématique. Il s'agit classiquement d'une invitation à un colloque de gens très intelligents pour réfléchir à une problématique du moment, et imaginer des progrès ou alternatives, tout cela autour d'un petit déjeuner, parfois un déjeuner ou un dîner. Car bien évidemment tous ces lobbyistes sont des « progressistes », n'ayant aucune volonté de préserver des positions ou un statu quo. Il s'agissait donc en l'espèce d'une invitation pour un dîner du Club de l'Europe, en fait un cabinet d'influence qui était en l'occurrence payé par Syngenta, producteur de pesticides[37].

Je l'indique pour celles et ceux qui s'intéressent à ce sujet : le petit déjeuner est de fait le moment préféré des cabinets de lobbying. C'est un des rares moments de la journée du parlementaire où il est possible de se rendre disponible pendant une heure ou 1 h 30 entre le mardi et le jeudi, jours de présence maximale du fait de l'organisation du travail de l'Assemblée nationale. Il suffit de traîner dans les cafés chics et les brasseries qui se trouvent dans un rayon de 10 minutes à pied autour du Palais-Bourbon pour le constater. Même si la discrétion ou le nombre oblige parfois les lobbyistes à se replier dans une salle plus discrète où les croissants seront dégustés en toute sérénité...

Ma réaction à cette première invitation du Club de l'Europe par la publication de leur invitation et ma réponse sous forme de lettre ouverte[38], m'a sans aucun doute moins exposé à l'insistance de ces lobbyistes en pyjama. Cependant, ces invitations n'ont pas cessé, car souvent les cabinets « d'influence » les moins précis font dans la diffusion massive de mails auprès des parlementaires. C'est ainsi que j'ai eu le plaisir d'être convié à cette réunion sur l'alimentation infantile par une association aux abords honorables[39]. Le propos était « d'aider les parents à construire un environnement favorable à la santé de leur enfant ». À la première lecture de cette invitation, j'étais plutôt emballé, d'autant que mon travail avec la commission d'enquête était bien avancé et me donnait non seulement la légitimité pour y assister mais aussi les éléments de compréhension. Hélas, en grattant le vernis, la vérité s'est révélée moins engageante : derrière cette association et son colloque, pointait le nez des fabricants d'aliments pour bébé, Danone et Blédina. Encore raté pour mon petit déjeuner à l'œil !

J'ai en tout cas rapidement appris à considérer avec méfiance ces invitations de fondations, groupes d'études ou autres clubs de réflexion. Leurs intitulés neutres et leurs colloques alléchants habillés de cautions « scientifiques » sont à l'image des produits qu'ils promeuvent : il y a tromperie sur l'étiquette ! À l'instar du Nutri-Score, il y aurait matière à inventer un Lobby-Score…

AGENCE EUROPÉENNE D'INSÉCURITÉ DES ALIMENTS ?

À la lumière des données scientifiques liant malbouffe et mauvaise santé, il apparaît évident que le cadre réglementaire (national comme européen) n'est, en l'état, ni suffisamment contraignant pour les industriels, ni assez protecteur pour les consommateurs.

Il faut d'abord savoir que ce cadre législatif vient pour la majeure partie, soit environ 80 %, de directives de la Commission européenne. Celle-ci, afin de ne plus apparaître comme perméable aux influences de lobbies, s'est récemment dotée d'agences scientifiques qui sont censées « éclairer » les décisions. Notons au passage que le Parlement européen composé d'élus, lui, ne peut rien éclairer. On lui a coupé la lumière !

C'est l'Autorité européenne de sécurité des aliments (EFSA) qui a depuis 2002 la tâche du « travail scientifique » de validation des substances chimiques qui pourront entrer dans la composition de nos aliments. Il est indiqué sur son site Internet que l'agence est chargée d'évaluer les risques. Je cite : « *Dans son rôle d'évaluateur des risques, l'EFSA émet des avis et des conseils scientifiques qui étayent les politiques et législations européennes en matière de chaîne alimentaire.* » Mais l'EFSA rend aussi des avis sur les allégations nutritionnelles ou encore sur les OGM et les nombreux pesticides utilisés en agriculture.

ADDITIFS : L'INDUSTRIE MÈNE LA DANSE

Il suffit de se pencher sur le cas des additifs alimentaires pour comprendre rapidement que cette agence chargée de produire les avis scientifiques n'est pas en capacité d'évaluer la dangerosité des quelques 338 additifs autorisés ni les effets de leurs combinaisons, alors que nombre de ces additifs sont fortement suspectés par de nombreux scientifiques et associations d'être des CMR ou des PE (lire page 40).

De fait la simple lecture de la procédure de soumission telle qu'elle est expliquée par l'agence suffit à comprendre que les autorisations de mise sur le marché (AMM) ne sont actuellement délivrées que sur la base d'études produites par les industriels eux-mêmes.

Si L'EFSA peut commander ses propres études scientifiques grâce à la possibilité d'autosaisine, il s'agit d'un cas rare et les procédures actuelles d'évaluation n'imposent pas comme préalable de disposer d'études indépendantes, produites par d'autres acteurs que les industriels qui sollicitent les autorisations de mise sur le marché... Il en va de même pour les pesticides qui sont massivement utilisés dans la production agricole.

Il faut ici explicitement rappeler que jusqu'à un passé récent, les experts scientifiques de l'EFSA, chargés de vérifier et valider ces études « maison » de l'agrochimie, avaient pour la grande majorité d'entre eux (60 %) des liens d'intérêts avec ces mêmes firmes[40].

Ces pratiques ont fait scandale et ont obligé l'EFSA à procéder à un ménage sérieux parmi les experts, et exiger que chacun rende public ses liens d'intérêts[41].

Pour autant, des ONG comme Corporate Europe Observatory (CEO), spécialiste des stratégies d'influence qui s'exercent dans les institutions européennes, relèvent que l'indépendance n'est à ce jour pas suffisante encore.

Par ailleurs, la réaction salvatrice de l'EFSA n'a pas modifié les autorisations en cours : la majorité des additifs autorisés l'ont été avant la remise à plat des procédures visant à garantir une plus grande neutralité des avis scientifiques. Ainsi, les multinationales fournissent seules les études qui sont annexées aux dossiers pour obtenir les fameuses autorisations de mises sur le marché. La boucle est bouclée, ou je devrais dire plus justement « verrouillée ».

Aujourd'hui une révision de ces dossiers, additif par additif, est en cours au niveau de l'EFSA. Il n'est toujours pas prévu que les études « maison » des industriels fassent l'objet de contre-expertises indépendantes.

Pour couronner le tout, car un malheur n'arrive jamais seul, il faut savoir que les additifs alimentaires sont très souvent, pour ne pas dire systématiquement utilisés en « cocktail », c'est-à-dire associés dans le même produit : un conservateur, un agent de texture, un exhausteur de goût, un colorant, un arôme artificiel, etc. L'EFSA, auditionnée par la commission d'enquête parlementaire, avoue qu'il est actuellement impossible d'avoir une évaluation du risque des effets « cocktail » car le nombre d'additifs et celui des combinaisons possibles entre eux sont infinis... Il suffit de considérer le nombre de combinaisons possibles de cinq de ces additifs dans un aliment : 41 321 978 664 ! 41 milliards ! Autant dire que l'industrie de la chimie comestible peut dormir encore quelques siècles sur ses deux oreilles.

Quid de la présence de plusieurs additifs, parfois plus de trente pour une pizza surgelée, dans un aliment transformé ou ultra-transformé ?

Quid d'un effet cocktail avec en plus des résidus de pesticides dont des perturbateurs endocriniens, présents dans 49 % des aliments proposés à la consommation selon une étude de l'association Générations futures ?

INTERDIRE LES ADDITIFS CONTROVERSÉS

Dans le cadre réglementaire actuel, la charge de la preuve de la dangerosité d'un produit doit être apportée par la puissance publique. Nous sommes donc dans une situation où les industriels produisent de nouveaux additifs, réalisent leurs propres études d'innocuité, soumettent des dossiers aux autorités qui n'ont pas les moyens de contre-expertiser tous les résultats. Il me paraît donc de bon sens d'interdire immédiatement les additifs controversés et l'importation de produits en contenant, en application du principe de précaution.

Par ailleurs, la législation européenne concernant l'alimentation, dite Législation Alimentaire Générale (LAG, règlement n° 178/2002) qui trouve son origine en 2002, est largement insuffisante. Même si la Commission européenne ne manque jamais de se tresser des lauriers de façon parfois outrageusement subjective[42], il est évident que l'affichage de bonnes intentions est à des années-lumière de leur mise en œuvre pratique.

Ainsi, les dispositions censées protéger les consommateurs.trices sont rarement transposées, quand elles ne sont pas tout bonnement transgressées. Par exemple, l'utilisation des additifs dans l'alimentation est régie par le règlement n° 1333/2008 du Parlement européen et du Conseil du 16 décembre 2008 sur les additifs alimentaires. Celui-ci précise que « *l'utilisation d'additifs alimentaires doit être sûre, doit répondre à un besoin technologique ; elle ne doit pas induire le consommateur en erreur et doit présenter un intérêt pour ce dernier. (...) Le principe de précaution ainsi que la faisabilité des contrôles, devraient également être pris en compte dans le cadre de l'autorisation d'additifs alimentaires* ».

À ce jour, alors qu'il est évident que nombre d'additifs sont là pour masquer la piètre qualité des matières premières mises en œuvre pour produire des aliments transformés ou ultra-transformés, rien ne se passe...

Pour autant, si les industriels de l'agroalimentaire « freinent » souvent honteusement toute initiative législative contraignante, nombre d'entre eux avouent pouvoir s'y adapter le cas échéant. Côté freins, l'objectif est évidemment pour eux de se garantir le confort d'un cadre législatif existant, connu et peu coercitif. Il permet de continuer à s'assurer des marges financières confortables.

La pire crainte de l'industrie : une législation nationale plus protectrice des consommateurs que les directives européennes car cela l'obligerait à différencier les produits en fonction des marchés, et signerait la fin des économies d'échelle. Mais j'y reviendrai plus loin à propos de la bataille autour du Nutri-Score.

Du côté des agriculteurs, la crainte d'une législation nationale exigeante est souvent expliquée par la distorsion de concurrence que cela pourrait créer avec les voisins européens. En clair, en Europe, c'est la course à celui qui produit le moins cher, donc avec le moins de contraintes sociales et environnementales. On ne peut donc pas échapper à la question lancinante de la réalité de choix démocratiques et protecteurs de l'intérêt général dans le cadre de traités européens qui ne reconnaissent que la concurrence libre et non faussée.

Alors qu'ils sont aujourd'hui autorisés, de nombreux additifs utilisés par l'industrie agroalimentaire ont des effets délétères prouvés sur notre santé. C'est d'ailleurs pour cela qu'ils doivent respecter des doses journalières autorisées ou DJA. Les controverses actuelles sur un certain nombre d'entre eux – les nitrates et les nitrites, le dioxyde de titane, notamment – ont mis la question de leur utilisation au centre des préoccupations des consommateurs en demande croissante de produits sains. Et pour les défenseurs de l'économie de marché, inutile de s'alarmer : la progression forte et non démentie depuis plusieurs années du secteur bio : + 10 % en 2018, voire même + 15 % à + 20 % certaines années antérieures devrait définitivement les rassurer.

Le cadre législatif est donc européen, mais au niveau national, aucune volonté forte de légiférer n'a été véritablement portée. La première proposition parlementaire ayant pour but de poser un cadre législatif national, a été lancée à mon initiative en février 2019 avec la proposition de loi « visant à protéger la population de la malbouffe »[43].

Discutée en première lecture le 21 février 2019, elle a été vidée de sa substance et renommée avant d'être votée par la majorité, pour « l'affichage ». J'y reviendrai dans la conclusion de cet ouvrage.

Une fois ces cadres législatif et réglementaire posés, il faut aussi s'intéresser à la réalité de nos politiques publiques en matière de nutrition. Je dis bien politiques publiques au pluriel car aujourd'hui aucune coordination interministérielle formelle et contraignante n'existe.

Il y a cependant un référentiel national dont le contenu a évolué de façon très positive ces derniers mois. Il s'agit du Programme National Nutrition Santé (PNNS). Nous en sommes à sa quatrième version, établie sous la responsabilité du Haut Conseil de la santé publique (HCSP) et les repères nutritionnels qu'il produit ont significativement évolué.

LES REPÈRES NUTRITIONNELS DANS L'ASSIETTE DES FRANÇAIS

PNNS 3		PNNS 4
5 par jour	Fruits et légumes	↑ 5 par jour (ex. : 3 portions de légumes 2 portions de fruits)
	Légumes secs	↑ Au moins 2 fois par semaine
	Fruits à coque (non salés)	↑ Une petite portion par jour (noix, noisettes, pistaches amandes...)
À chaque repas selon l'appétit	Céréales et féculents	→ Minimum 1 par jour (féculents complets)
1 à 2 fois par jour Poisson (2 fois par semaine minimum)	Viandes, poissons, œufs	→ Volaille de préférence ↓ Viande rouge (500g/semaine) → Poisson (2 fois/semaine dont 1 poisson gras) ↓ Charcuterie (150g/semaine)
3 par jour (4 pour les enfants)	Produits laitiers	→ 2 par jour
Limiter la consommation	Matières grasses	→ Privilégier : l'huile de colza, de noix et d'olive
Limiter la consommation	Produits sucrés	↓ Réduire : boissons sucrées, aliments gras, sucrés, salés et ultra-transformés. Réduire la consommation de sel.
3 verres par jour (pour les hommes) 2 verres par jour (pour les femmes)	Alcool	↓ Maximum 2 verres par jour (et pas tous les jours)
L'équivalent de 30 mn de marche rapide par jour (1 h pour les enfants)	Hygiène de vie	↑ Favoriser le fait maison → Produits de saison, locaux et bio ↓ Produits de Nutri-Score D et E ↑ Faire 30 mn d'activités physiques par jour au moins ↓ Limiter le temps assis

MANGER SAIN : LA BLAGUE DES LOBBYISTES

D'emblée, je voudrais mettre en lumière l'existence d'une confusion entre nourriture saine et nourriture sûre, entretenue à dessein par l'agro-industrie. Il est vrai que la sécurité alimentaire de nos concitoyens n'a jamais été aussi grande qu'aujourd'hui. La production agricole et agro-industrielle est suffisante pour éviter les pénuries et famines. Les qualités organoleptiques (saveur, odeur…) et sanitaires des produits sont globalement bonnes grâce aux normes d'hygiène et aux contrôles effectués par les services sanitaires.

Cette affirmation est toutefois à relativiser au regard des scandales sanitaires récurrents.

Pour rappel, voici un concentré des principaux scandales alimentaires de ces vingt dernières années :

- contamination de consommateurs de viande bovine par l'encéphalopathie spongiforme bovine en 1996 ;
- contamination d'œufs, de viandes et de fromages par de la dioxine dans différents pays européens en 1999, 2008 et 2010 ;
- risque de transmission de la grippe aviaire H5N1 à l'être humain entre 2003 et 2006 ;
- fraude massive à la viande de cheval estampillée comme viande bovine dans des plats préparés (notamment lasagnes, raviolis, boulettes, hachis) découverte en 2013 ;
- œufs contaminés au fipronil ;
- lait infantile infecté par la salmonelle en 2017…

Ces exemples de failles dans la sécurité alimentaire revendiquée par les autorités peuvent se compter sur les doigts des deux mains. Mais elles sont très révélatrices de notre système de production. La production d'aliments industriels et la diffusion de production agricole standardisée est aujourd'hui régie par des acteurs qui approvisionnent le marché continental, parfois même mondial. De fait, dès qu'un problème de contamination microbienne apparaît dans une unité de fabrication, cette contamination se répand à grande vitesse d'un bout à l'autre de l'Europe, d'un bout à l'autre de la planète au gré des échanges commerciaux.

On se souvient de la contamination à la bactérie Listeria en juillet 2018 de légumes surgelés de l'entreprise GreenYard, conditionnés en Hongrie, lesquels ont fait l'objet de rappel dans l'Europe entière.

Malheureusement, ces rappels ne sont pas systématiques. Les enjeux commerciaux extraordinairement élevés au regard des sommes en jeu n'encouragent ni à la transparence ni au retrait préventif de produits. L'entreprise Lactalis a-t-elle procédé au rappel de tous les lots de lait infantile contaminé en 2017 dans son usine de Craon par la salmonelle lorsqu'elle a eu connaissance du problème ? Les articles de presse tendent à répondre que non.

L'ALIMENTATION INDUSTRIELLE A-T-ELLE TERRASSÉ LES INTOXICATIONS ALIMENTAIRES ?

Malgré ces scandales, il est tout de même rare de nos jours de décéder dans d'atroces souffrances après avoir consommé un produit avarié, contaminé, mal préparé ou simplement nocif.

Entre 1950 et 2000, le nombre de décès lié à des intoxications alimentaires serait passé de 15 000 à 150 par an, selon un rapport de l'Office parlementaire d'évaluation des choix scientifiques et technologiques daté de 2004, qui rapporte un chiffre de 1950, cité (sans être étayé) dans l'ouvrage de Dominique Bodin-Rodier, livre à charge contre la transition vers une agriculture moins industrielle.

La guerre alimentaire a commencé. Une telle chute spectaculaire du nombre de décès est forcément multifactorielle et l'on ne peut que s'en féliciter. Mais ces chiffres remarquables ne doivent pas donner un blanc-seing aux tenants de l'agro-industrie qui nous expliquent que depuis l'avènement de cette industrie, les Français sont en meilleure santé. Les progrès de la médecine y sont également pour beaucoup et ont évité à bien des personnes intoxiquées de décéder. Rappelons que la fièvre typhoïde, elle aussi propagée par l'alimentation, a quasiment disparu depuis 1950, et que contrairement à ce qui se passait en 1950, des perfusions sont aisément posées aux personnes déshydratées à la suite d'une intoxication alimentaire.

Il faut se pencher sur une étude plus précise du Centre d'études et de prospective du ministère de l'Agriculture qui date d'avril 2013 et apporte des éléments très intéressants pour nuancer l'idée selon laquelle on serait moins affecté aujourd'hui par les intoxications alimentaires[44]. Entre 1950 et nos jours, les intoxications alimentaires auraient augmenté en raison de nos changements d'habitude de stockage alimentaire : courses faites une fois par semaine et conservées au réfrigérateur donc moins fraîches que si les aliments sont achetés au jour le jour. À partir des années 1960, rapporte ce document, les habitudes de consommation changent également avec un boom des plats en sauce et mijotés, et des desserts aux œufs, véritables nids à intoxication alimentaire domestique. Cette étude met clairement en avant la place de la nourriture provenant de l'agro-industrie dans ces intoxications : « *L'activité professionnelle croissante des femmes et l'augmentation des temps de transport domicile-travail ont conduit à une diminution du temps consacré à la préparation des repas et au recours aux produits transformés, surtout ceux à base de viande qui peuvent être porteurs de contaminants alimentaires de types salmonelle.* »

Et voilà comment est remis en cause un des arguments « massue » de l'industrie agroalimentaire et de la grande distribution quant à la sûreté de notre approvisionnement alimentaire due à des pratiques présentées comme vertueuses et novatrices.

UN MODE DE PRODUCTION ADORÉ PAR LES BACTÉRIES

Si on peut concéder que les techniques de production, les contrôles qualité généralisés ou encore le respect de la chaîne du froid dans le cas de produits frais peuvent être qualifiés de pratiques novatrices, il faut faire preuve d'une naïveté ou d'un aveuglement avancé pour prétendre qu'elles ont le moindre caractère vertueux. Hormis pour les marges commerciales ! Ce sont pourtant ces éléments qui sont brandis par les industriels et les distributeurs pour tenter de prouver qu'ils œuvrent pour l'intérêt général et la préservation de notre santé. Mais toutes ces mesures servent surtout à maintenir leur mode de production industriel.

Prenez par exemple la mise en place de la chaîne du froid. Le site de la Direction générale de la concurrence, de la consommation et de la répression des fraudes (DGCCRF) nous explique que la chaîne du froid est essentielle pour lutter contre la prolifération microbienne qui d'une part altère aspect, saveur, odeur des produits et d'autre part peut les rendre toxiques. *Salmonella*, *Staphylococcus aureus*, *Listeria monocytogenes*, dit la DGCCRF, sont autant de bactéries dangereuses pour les personnes avec un système immunitaire déprimé, les personnes âgées, les nourrissons ou les femmes enceintes. L'idée sous-jacente est que si le nombre de ces bactéries doit être contenu, c'est qu'elles sont déjà présentes en petite quantité dans les produits préparés mis sur le marché.

Mais pourquoi ces bactéries seraient-elles présentes et pourquoi faudrait-il empêcher leur prolifération ? Cela est dû sans aucun doute au mode de production actuel des denrées alimentaires. Prenons le cas des salmonelles. Ce sont des bactéries qui se propagent chez les animaux d'élevage lorsqu'ils sont en présence d'excréments contaminés ou d'eau souillée par ces contaminations. Les produits dérivés de ces animaux (viande, lait, œufs) sont alors eux aussi contaminés, ainsi que les légumes et coquillages au contact de cette eau[45]. Mais d'après l'OMS, la chaîne du froid n'est que peu efficace contre cette bactérie, car celle-ci survit et se reproduit dans nos réfrigérateurs[46]. Et l'OMS d'ajouter : « *Les aliments prêts à consommer sont contaminés parfois pendant leur transformation, après quoi les bactéries peuvent se multiplier jusqu'à atteindre des concentrations dangereuses au cours de la distribution et du stockage.* »

La chaîne du froid a de l'importance si la contamination a eu lieu dans l'usine de production d'aliments prêts à consommer, car les temps de transport et de stockage augmentent le risque de prolifération des bactéries[47].

La chaîne du froid a donc dû être inventée car nous consommons des aliments qui voyagent beaucoup entre le moment où ils sont préparés et le moment où ils sont consommés. Le cochon élevé ici, abattu là, et transformé en jambon à l'autre bout de la France, pour ensuite rejoindre une centrale d'achat, puis un magasin et enfin notre réfrigérateur et notre table a sans doute effectivement plus besoin d'une surveillance bactériologique accrue en raison des délais et des aléas de température qu'il peut subir, que le jambon du cochon élevé, abattu, préparé et vendu dans un même département dans des délais raisonnables.

ALIMENTATION SÛRE OU ALIMENTATION SAINE ?

Il convient donc de distinguer ce qu'est une alimentation sûre d'une alimentation saine. L'enjeu n'est pas anodin, car en se prévalant d'une alimentation sûre, toutes les parties prenantes évitent ainsi de se soucier de la production d'une alimentation saine, c'est-à-dire qui n'a pas d'impacts négatifs sur notre santé à court, moyen ou long terme.

Pourtant tous les maillons sont concernés : la production agricole avec la présence massive de résidus de pesticides dans les matières premières agricoles, les transformateurs de l'agroalimentaire et le recours systématique aux additifs alimentaires, les distributeurs pour qui la seule qualité valorisable d'un produit alimentaire est son prix bas, et enfin les pouvoirs publics qui font mine de ne pas voir les problèmes de santé publique, pourtant chiffrés en milliards d'euros.

En effet, si la « qualité » sanitaire évaluée par l'absence de germes ou virus est d'un niveau sans précédent, avec toutefois les bémols que nous venons d'exposer, la présence de nombreux additifs dans les produits alimentaires transformés n'est pas anodine et produira des effets à moyen et long termes, que l'on peine pour le moment à évaluer. J'y reviendrai car cela pose la question des moyens alloués à cette évaluation.

On l'a vu au début de ce livre, Anthony Fardet explique notamment la nocivité des aliments « ultra-transformés » par leur processus de fabrication : le *cracking* (voir figure ci-dessous), c'est-à-dire la fragmentation des aliments en ingrédients que l'on recombine ensuite en y ajoutant sel, sucre, gras et additifs. Mentionnons aussi les processus à haute température qui peuvent aboutir à la création de composés chimiques dits néoformés comme l'acrylamide et les AGE[f].

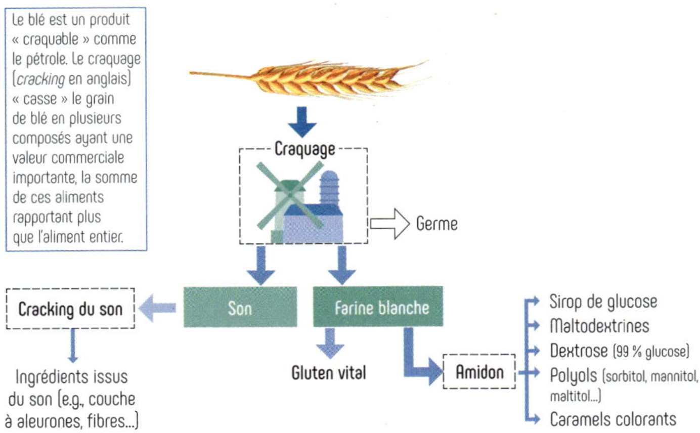

f L'acrylamide est considéré par le Centre international de recherche sur le cancer (Lyon) comme un cancérogène probable.
Les AGE *(Advanced glycation end-products*) ont un rôle néfaste dans le processus de vieillissement et dans des maladies telles que l'athérosclérose, l'arthrose, la cataracte et surtout le diabète.

Ces techniques de l'agro-industrie servent à la création de nouveaux aliments sans matrice, sans fibres, comme des agrégats d'éléments dissociés (lire page 18).

Or à l'heure actuelle il n'existe aucune réglementation sur ces processus de transformation.

Pourquoi les industriels utilisent-ils ces procédés ? Sans aucun doute pour vendre davantage de produits. D'après un sondage TNF Sofres/Kantar de 2016, 64 % des Français souhaitent découvrir de nouveaux produits alimentaires[48]. Et 64 % des sondés ont un intérêt pour les « sensations » délivrées par un produit : diversité de goûts, de textures, de couleurs, d'arômes.

Nous sommes face à une situation inédite concernant ces aliments ultra-transformés : ces produits, fabriqués *ex nihilo* par l'agrégation d'éléments simples comme l'amidon de maïs modifié, le dextrose, le sucre inverti, la fécule de pomme de terre, etc., relèvent plus de process de l'industrie chimique que de l'industrie alimentaire.

Ils ne font pourtant l'objet d'aucune vigilance ni d'aucune mesure particulière des autorités sanitaires (Anses, Santé publique France, EFSA) malgré l'accumulation continue d'alertes scientifiques.

La sécurité alimentaire est sans doute l'écran de fumée qui occulte l'innocuité sanitaire aujourd'hui mise en cause à raison. Pour le législateur que je suis, l'inaction politique face à la responsabilité de préserver l'intérêt général est insoutenable. Il faut immédiatement implémenter la réglementation pour encadrer les processus industriels de transformation. *A minima* il faudrait interdire le cracking et les processus qui produisent des composés néoformés pour que la production (nécessaire) de nourriture industrielle de qualité ne soit pas finalement la production d'une industrie chimique « comestible ».

Cette question n'est pas marginale. Il s'agit d'un des points centraux de la déferlante planétaire de la malbouffe. Aujourd'hui, avec 1 000 de ces éléments de base, briques élémentaires de cette chimie comestible, l'industrie recompose 500 000 aliments « différents » ! 500 000 préparations alimentaires différenciées à grand renfort d'arômes artificiels, d'agents de texture, d'émulsifiants, de conservateurs, de colorants. Une liste appétissante n'est-ce pas ?

Si, aujourd'hui, à la lumière d'études scientifiques qui s'accumulent, les produits ultra-transformés peuvent être clairement mis en cause au regard de leur processus de fabrication et du nécessaire usage d'additifs pour leur redonner texture, couleur et goût, ou encore assurer leur conservation, il n'en demeure pas moins que des produits moins élaborés sont également concernés.

En effet des processus de conservation simples et sûrs tels que l'appertisation (conserves), la lyophilisation, la salaison (si l'on met de côté les effets néfastes de l'excès de sel), etc., n'affranchissent pas cette production alimentaire de la présence de résidus de pesticides dus à leur mode de production initial.

Et que dire de l'innocuité de produits cumulant ces deux désagréments, résidus de pesticides et additifs ?

La sécurité sanitaire n'est donc pas assurée dans le sens où notre santé non seulement n'est pas préservée par notre alimentation (la nourriture est le premier des médicaments) mais elle peut être affectée par des affections chroniques du fait même du type d'aliments que nous consommons.

Par ailleurs l'approche purement centrée sur la sûreté alimentaire masque une approche plus globale du régime alimentaire qu'il conviendrait de promouvoir. Elle permet également à l'industrie agroalimentaire de produire, vendre les briques élémentaires de notre « ration » quotidienne et les promouvoir à grand renfort de marketing. Ces briques n'ont aucun lien entre elles, elles participent juste à la fourniture d'un service alimentaire devenu annexe dans l'organisation de notre société et de nos vies.

QUAND LES INDUSTRIELS FIXENT LES RÈGLES DU JEU

En matière d'information du consommateur, le discours des industriels vaut le détour.

Nombre de marques de l'agro-industrie promettent régulièrement la main sur le cœur qu'elles portent une attention particulière à la clarté et la compréhension des informations qu'elles communiquent. C'est ainsi que les standards de référence appelés codes, établis directement par les filières, sont censés assurer une constance dans les recettes. Dit plus clairement, c'est ce qui doit vous garantir que quand vous achetez une soupe de poisson, il y a bien du poisson dedans, quand vous salivez devant une terrine de canard, celle-ci renferme bien du canard.

Pourtant cette dernière peut ne contenir que 20 % de canard et 80 % d'ingrédients moins nobles et/ou donc moins chers. Je ne mentionne même pas les ridicules 4 % de veau dans les sauces à base de veau appelées fonds de veau. Le marketing est passé par là, et l'information a vécu.

Qui définit ces codes ? Qui dit qu'un fond de veau ne peut contenir que 4 % de veau ? Qu'une terrine de porc avec 20 % de canard sera quand même une terrine de canard ?

Ce sont les filières elles-mêmes qui définissent ces « standards », non pas dans l'objectif de protéger les consommateurs, mais bien de trouver un cadre qui permette d'optimiser leur production.

Seuls les cahiers des charges encadrés par l'État sont raisonnables et ne roulent pas les consommateurs dans la farine. Il s'agit de cahiers des charges portant non pas sur les recettes mais par exemple sur les Appellations d'origine protégées et Indications géographiques protégées (AOP et IGP).

Plus grave encore est l'information, ou plutôt la désinformation nutritionnelle délivrée par les entreprises.

Ainsi, entre 2008 et 2012, trente entreprises de l'industrie agroalimentaire ont adopté des chartes d'engagements promettant d'améliorer la situation nutritionnelle des populations les plus exposées aux excès et déficits nutritionnels (sodium, sucres, lipides, acides gras saturés...). L'alimentation d'origine industrielle reste trop grasse, trop sucrée, trop salée, trop calorique. L'Observatoire de la qualité de l'alimentation (Oqali) l'a établi dans une de ses études en 2012. Pour autant, il n'y a toujours aucune contrainte légale pour atteindre les objectifs de l'OMS.

LA BATAILLE DU NUTRI-SCORE

L'exemple récent le plus révélateur de la résistance des industriels à se voir imposer toute forme de contrainte externe est celui du Nutri-Score. Il s'agit en fait carrément d'une contre-offensive.

Tout d'abord qu'est-ce que le Nutri-Score ? Il s'agit d'un système comprenant cinq classes de qualité nutritionnelle, allant du vert (associé à la lettre A) au rouge (associé à la lettre E). L'algorithme a été développé en Grande-Bretagne en 2005 par une équipe de recherche d'Oxford et validé par la Food Standards Agency de ce pays. Il a été modifié par le Haut Conseil de la santé publique (HCSP).

Il attribue donc à chaque produit alimentaire un score en fonction de sa composition nutritionnelle en énergie, sucres simples, acides gras saturés, sodium, protéines, fibres et pourcentage de fruits et légumes. Cet algorithme permet de définir ce que les spécialistes appellent un « profil nutritionnel ».

Plusieurs études menées en France ont montré la capacité de cet algorithme à classer les aliments de façon

Marie
Cabillaud
à la Provençale
avec des tomates marinées
NUTRI-SCORE
Fleury Michon
Le Supérieur
Cuit à l'Étouffée
4
-25% DE SEL*
ET TOUJOURS AUSSI BON
NUTRI-SCORE
NUTRI-SCORE
A B C D E
12 pots
ACTIVIA
au bifidus
SANS arôme artificiel
Saveur Vanille
LAIT FERMENTÉ SUCRÉ, AROMATISÉ
1,5kg
McCain
Original Bun's x4
au micro-ondes

cohérente par rapport aux repères de consommation proposés notamment dans le cadre du Programme National Nutrition Santé (PNNS). Il a surtout été plébiscité pour sa simplicité de compréhension et donc son efficacité à orienter les choix des consommateurs.

Dès le départ, les industriels (*via* l'Association nationale des industries alimentaires) mais aussi les distributeurs (*via* la Fédération du commerce et de la distribution) se sont dressés contre ce système qu'ils ont qualifié de stigmatisant, de simpliste car ne prenant pas en compte la taille de la portion, ou encore, argument ultime, de délétère pour le business des entreprises du secteur. S'agissant d'un secteur qui pèse 180 milliards de chiffres d'affaires et 500 000 emplois, l'argument a pu trouver un écho auprès de certains décideurs politiques.

Tout fut alors mis en œuvre pour empêcher puis retarder sa mise en place : contre-proposition d'un autre système de notation, plus complexe et donc moins compréhensible, demande d'études scientifiques comparatives complémentaires entre les systèmes, déploiement d'un lobbying intensif auprès des commissaires européens pour éviter qu'il ne soit rendu obligatoire. Ces acteurs de l'industrie et de la distribution ont remporté cette victoire, le Nutri-Score n'étant pour l'heure que facultatif. Ceci dit, sa simplicité et son efficacité sont en train de balayer ces efforts de dénigrement : les industriels qui ne l'adoptent pas de façon volontaire aujourd'hui sur le territoire national sont soupçonnés de vouloir cacher des pratiques peu vertueuses. Par ailleurs, il s'étend à de nombreux pays de leur propre initiative… Rien n'est plus puissant qu'une idée dont l'heure est venue.

LES ENGAGEMENTS VOLONTAIRES NE FONCTIONNENT PAS

La question des engagements volontaires divise. Face aux problèmes qui touchent l'alimentation des Français, la question est la suivante : faut-il imposer des normes pour la production de notre alimentation ou laisser les filières et les industriels améliorer leurs pratiques ?

Ce n'est rien d'autre que la question de la place de l'État qui est posée ici. L'État doit-il légiférer, ou les acteurs vont-ils s'autoréguler devant les scandales passés et ceux à venir ? Cette deuxième option, libérale, si souvent plébiscitée par Stéphane Travert, ministre de l'Agriculture et de l'Alimentation pendant la loi EGalim de 2018 s'appelle : « engagements volontaires ».

Dans ces engagements volontaires, à la suite de la demande d'un tiers – souvent la puissance publique –, une filière, un secteur d'activité ou une profession promettent que les pratiques mises en œuvre atteindront un objectif vertueux. Pour notre alimentation, il s'agit d'objectifs en matière de composition, de types de matières premières utilisées, de nombres d'additifs présents, ou encore en matière d'information délivrée au client/consommateur.

Mais à quoi peuvent donc servir ces engagements ? Qu'en espère la puissance publique ? Ou plutôt, que faut-il en attendre ?

Le but le plus évident est celui de préserver la santé des consommateurs. Preuve que le lien entre santé et alimentation n'est pas un scoop, même si certains acteurs feignent de le découvrir ou le réfutent ouvertement. Ces engagements doivent également permettre d'établir des standards de référence afin que les consommateurs puissent disposer d'une information commerciale « loyale ».

L'exemple le plus frappant, le plus gros flop en matière d'engagement volontaire, est sans doute celui sur la teneur en sel du pain du syndicat national de la boulangerie au début des années 2000. Il répondait à l'alerte lancée sur la consommation excessive de sel des Français.e.s, consommation à laquelle le pain contribuait et contribue encore de façon importante (lire page 32). En effet, pas moins de 30 % des 10 grammes de sel que nous consommons chaque jour proviennent de notre consommation de pain. Pourtant l'OMS préconise de s'en tenir à 5 grammes journaliers pour ne pas s'exposer à des maladies cardio-vasculaires.

Dix-huit ans plus tard où en sommes-nous ?

En 2002, donc, la filière s'était engagée à réduire le taux de sel dans le pain. Il s'agissait alors de passer de 24 grammes de sel par kilogramme de farine à 18 g par kilogramme de farine en cinq ans. L'objectif annoncé n'a jamais été atteint au terme du délai prévu dans cet accord volontaire, la grande majorité des boulangers continuant à dépasser 20 grammes de sel/kg.

Le constat de la situation établi, il se passa quelques années avant qu'un nouvel engagement volontaire ne fût à nouveau pris en 2015. Et cette fois on allait voir ce qu'on allait voir ! Il n'y aurait bientôt plus que 19 grammes de sel par kilogramme de farine. Remarquons au passage que ce deuxième contrat « moral » de la filière boulangerie était moins ambitieux que le premier. Peu importe en fait, car l'échec inéluctable se produisit de la même façon : en 2017, seuls 30 % des boulangers respectaient ce taux.

Il me semble que cet exemple est tout à fait significatif de la mécanique de l'échec qui est contenu dans ces accords : ils sont soumis à la mise en œuvre non contrainte de changements qui, appliqués de façon individuelle et non coordonnée entraînent la crainte pour le professionnel de proposer des produits moins goûteux, moins appétissants, moins attirants que ceux de son concurrent/collègue s'agissant notamment d'un produit plutôt standardisé comme la baguette.

Il est ainsi impossible pour un acteur d'une filière d'agir seul, au risque de voir ses clients se détourner vers un concurrent moins exigeant ou moins vertueux, suite à une perte de goût ou de plaisir ressentis.

Dans le cas du pain, cette explication quasi mécanique de l'échec démontre également qu'il n'est ni juste ni efficace de stigmatiser les professionnels du secteur, tout au moins nos artisans boulangers. La clémence sera moindre envers les multinationales de l'agroalimentaire pour qui l'argument de la rentabilité est sans aucun doute plus présent que celui de la perception gustative des produits de leur catalogue au regard de ceux du concurrent.

Sel et sucres étant des exhausteurs de goût, il faut que la baisse des quantités utilisées soit globale, coordonnée et progressive afin que les objectifs soient atteints sans que la perception gustative du consommateur soit altérée. Il a été ainsi démontré qu'il est possible de fabriquer du pain avec moins de 15 grammes de sel par kilogramme de farine sans que le consommateur ne perçoive de changement. Cela vaut aussi pour le sucre et les graisses.

Les économistes qui suivent depuis plusieurs décennies ce marché font le même constat. Mais le leur est encore plus tranché que le mien, car ils disposent d'éléments chiffrés et validés, là où je n'ai eu le temps que d'entendre les déclarations déjà très révélatrices des industriels et distributeurs lors des auditions de la commission d'enquête : les firmes ne bougent que si elles y ont un intérêt financier !

Pour conclure cette partie, il paraît évident que jusqu'à présent les promesses faites par les filières ne sont pas tenues. Les engagements volontaires ne sont donc pas la solution.

Pour faire évoluer positivement la qualité de notre alimentation, il convient donc de sortir de cette longue habitude de parier sur les promesses des acteurs économiques. La loi doit imposer un cadre très exigeant pour réorienter fortement la production alimentaire vers des produits plus sains : encadrement des taux de sucres, sel, acides gras, limitation sévère du nombre d'additifs autorisés, interdiction de la publicité à destination des enfants. Autant de domaine où les choix politiques doivent s'imposer aux préférences économiques d'acteurs peu nombreux et très puissants. Cette puissance, économique mais aussi technique, permet d'affirmer que ceux-ci sauront sans difficulté s'adapter à un nouveau cadre réglementaire. Ils en ont convenu par ailleurs devant la commission d'enquête parlementaire. Leur souci majeur reste que les contraintes puissent être partielles et donc ne pas s'appliquer à l'ensemble des acteurs économiques du secteur. Pour les industriels, la distorsion de concurrence est une hantise bien plus prégnante que la nécessité de nourrir sainement une population...

AUTOCONTRÔLE, LA GENÈSE DES SCANDALES SANITAIRES

Pour autant, il n'y a toujours aucune contrainte légale pour atteindre les objectifs de l'OMS.

Aujourd'hui, la qualité sanitaire des produits est globalement bonne, grâce aux normes d'hygiène et aux contrôles mis en place et effectués par les services sanitaires, qu'ils appartiennent à la Direction générale de l'alimentation (DGAL, ministère de l'Agriculture et de l'Alimentation) ou la Direction générale de la concurrence, de la consommation et de la répression des fraudes (DGCCRF, ministère de l'Économie).

Les scandales alimentaires à répétition posent la question de ce qu'est devenue la capacité opérationnelle de contrôle des pouvoirs publics, leurs moyens humains et matériels, et leur division (DGAL, DGCCRF).

Si une unification des services de contrôle pourrait être pertinente, c'est surtout les moyens qui demandent à être portés à la hauteur des enjeux. Une plus grande sévérité doit aussi s'exercer dans les sanctions effectives des pratiques frauduleuses ou trompeuses.

De façon plus urgente encore, il convient de se poser la question de la gouvernance d'une vraie politique alimentaire. À ce jour, le sujet est porté par cinq ministères dans lesquels les implications sont différentes : agriculture, économie, éducation, santé et environnement. Nous reviendrons plus loin sur le cas particulier du ministère de l'Éducation nationale. Il convient d'ajouter à ces cinq ministères, l'Anses qui a pour objet l'évaluation des risques.

Comment avancer dans ces conditions vers une alimentation plus saine en reliant toutes les parties du problème, si la structure institutionnelle rend difficile la mise en cohérence des actions ? Il apparaît nécessaire, voire indispensable, qu'une structure coordonne une politique cohérente de l'alimentation. Elle pourrait utilement s'appuyer sur le PNNS (produit par la HCSP), en suivre l'actualisation et s'assurer de sa mise en œuvre effective dans tous les domaines, de la production à l'éducation. Il lui reviendrait également, après avis de l'Anses, de délivrer les autorisations de mise sur le marché pour tout ce qui touche à l'alimentation.

Un secrétariat général à l'alimentation, porté par les cinq ministères, remplirait parfaitement ce rôle en toute indépendance des intérêts financiers qui aujourd'hui influent sur nos décisions politiques en la matière.

Cette coordination (ou gouvernance, en novlangue) n'est pas assurée à ce jour, et le Conseil national de l'alimentation (CNA), présenté abusivement comme le parlement de l'alimentation, ne remplit pas ce rôle.

Instance uniquement consultative, le CNA regroupe représentants des ministères, acteurs de la recherche publique, représentants des filières, de la grande distribution ou encore d'associations. En trente ans il a émis 86 avis (on frôle le burn out !) qui n'ont en rien modifié la trajectoire de notre production ni de notre consommation alimentaire. De fait, son action est inopérante pour améliorer la qualité de notre alimentation.

Il convient évidemment de renforcer les moyens humains et matériels de la recherche publique. Ce sont ses travaux, financés par la puissance publique et donc indépendants qui éclairent la décision politique. Notamment en produisant les données scientifiques à l'Anses. C'est sur ces bases que le principe de précaution pourra être enfin appliqué plus largement et réellement.

Comment reprendre le pouvoir sur notre assiette ?

Un État qui peine à nous protéger par un cadre législatif suffisamment strict, des industriels qui font des promesses qui n'engagent que ceux qui y croient et une grande distribution qui a comme unique message commercial que la nourriture ne coûte rien : voilà le tableau de départ !

Ce panorama peu avenant ne nous laisse que peu de solutions alternatives pour retrouver une alimentation saine, une alimentation qui a une valeur nutritive, sociale et économique. Mais aussi et peut-être surtout, une alimentation qui nous donne du plaisir.

Devant l'urgence, nous n'avons aujourd'hui d'autre choix que de mener l'action au niveau du consommateur vers les producteurs et l'ensemble des acteurs économiques du secteur, mais aussi au niveau des citoyen.ne.s en direction de leurs élus locaux et nationaux pour qu'ils utilisent les leviers économiques locaux (la commande publique) ou fassent évoluer rapidement la loi, dans le cas des élus nationaux.

CE N'EST PAS UNE AFFAIRE INDIVIDUELLE

Pour autant cette action de la base, ou plus justement du bout de la chaîne vers l'amont n'est pas nécessairement individuelle. Il est même particulièrement difficile de s'en sortir seul, même si tout est fait pour nous faire croire que nous avons les moyens de faire des choix éclairés quant à ce que nous mettons dans notre assiette.

C'est là un discours que j'ai fréquemment entendu lorsque j'ai partagé avec les uns et les autres les conclusions de la commission d'enquête parlementaire que j'ai menée : « les gens peuvent choisir », « il suffit de ne pas acheter », etc.

Il faudrait pour commencer que ces choix alimentaires soient d'abord dictés par la raison. Ce n'est évidemment pas le cas, certains aliments provoquant une forme d'« addiction » qui trouve une explication physiologique naturelle : par exemple notre corps est programmé pour avoir un attrait particulier pour le sucre, carburant majeur de notre métabolisme. C'était une question de survie du temps de nos ancêtres chasseurs-cueilleurs, quand la lutte pour se nourrir était une réalité quotidienne. Si aujourd'hui les besoins des « sédentaires » que nous sommes massivement devenus sont bien moindres, il n'en demeure pas moins que notre cerveau nous incite à consommer du sucre.

Si l'on prend l'exemple du tabac, chacun sait, en toute rationalité, que fumer n'est pas une pratique saine. Et pourtant, il est bien difficile de se défaire de cette consommation. Or un parallèle a été fait par de nombreux scientifiques entre la dépendance au tabac, et la manière dont le cerveau réagit à la saveur sucrée, même si la preuve formelle que le sucre est une drogue n'a pas encore été apportée.

Prétendre que les choix alimentaires relèvent de décisions rationnelles c'est aussi faire l'impasse sur plusieurs éléments, non par malveillance mais par ignorance de la situation réelle. Je ne vais pas redire ici ce que j'ai écrit plus haut mais un rappel s'impose tant il est important que ces éléments soient intégrés.

Pour faire un choix individuel pertinent, il faudrait que chacun d'entre nous soit en capacité d'accéder à des informations complètes et surtout compréhensibles par tous. S'il faut être diplomé.e en nutrition pour parvenir à décrypter ces informations, alors cela n'a aucun intérêt et surtout aucun impact sur nos choix alimentaires.

Or à l'heure actuelle, la bataille fait rage sur le front des affichages et informations insuffisantes et/ou non objectives voire même trompeuses que les industriels apposent sur leurs produits. J'ai déjà expliqué comment des acteurs puissants ont pris pour cible le Nutri-Score français : cet algorithme simple avait vocation à devenir le référentiel européen des profils nutritionnels.

Les millions d'euros investis par l'industrie agro-alimentaire ont permis de bloquer sa généralisation au niveau européen. Pour autant, la simplicité du Nutri-Score et son adoption volontaire en France par quelques industriels est en passe d'emporter ce barrage : les consommateurs, qui apprécient cette simplicité d'accès à l'information nutritionnelle se détournent des produits qui ne l'affichent pas. Sa présence est ainsi devenue un « avantage commercial » pour l'aliment qui s'y soumet. Les concurrents sont ainsi contraints par la pression commerciale de l'adopter. Il n'y a pas meilleur argument pour un industriel que l'évolution de son portefeuille !

La bataille des profils nutritionnels mise en lumière par le Nutri-Score ne date pourtant pas d'hier. Voilà des années que la commission européenne est censée dresser des profils nutritionnels spécifiques (règlement européen EC/1924/2006).

Un profil nutritionnel c'est l'analyse « objective » de l'intérêt nutritionnel d'un aliment pris dans son ensemble.

Ces profils nutritionnels doivent permettre de réguler l'affichage et la communication des industriels quant aux qualités présumées de leurs produits – ce que l'on appelle les allégations nutritionnelles et les allégations santé (lire encadré page suivante). En clair il s'agit de faire en sorte qu'un aliment de piètre qualité nutritionnelle (ultra-transformé, trop gras, trop sucré, trop salé) ne puisse afficher des mentions valorisantes du type « source de calcium », « riche en fibres », « faible teneur en graisses » ou encore « peut contribuer au renforcement des défenses naturelles de l'organisme ».

LES PROFILS NUTRITIONNELS
(= bénéfices réels mesurés d'un aliment)
édités par la Commission européenne via l'Efsa

ENCADRENT →

LES ALLÉGATIONS NUTRITIONNELLES/ ALLÉGATIONS SANTÉ
(= arguments commerciaux)
affichés par les industries agro-alimentaires

Prenons l'exemple d'une pizza 4 fromages du supermarché. La présence de fromage en abondance pourrait inciter le fabricant à alléguer que sa pizza est une bonne « source de calcium » ce qui la valoriserait indéniablement. Or si elle apporte simultanément quantité de graisses saturées, de sel et un lot non négligeable d'additifs, mérite-t-elle de porter une allégation nutritionnelle ?

Ce système de profils nutritionnels devant être préservé de tout risque de détournement par les industriels, il doit être élaboré sous le contrôle des institutions européennes. C'est ce règlement européen que les lobbyistes ont réussi à bloquer depuis plus de dix ans !

DÉFINITION D'UNE ALLÉGATION

Une allégation nutritionnelle, c'est un message qui affirme, suggère ou implique qu'une denrée alimentaire possède des propriétés nutritionnelles bénéfiques particulières de par l'énergie (valeur calorique) qu'elle fournit ou non, et les nutriments ou autres substances qu'elle contient ou pas. Il s'agit par exemple des allégations « source de fibres », « allégé en sucres », « riche en calcium », « à teneur garantie en vitamine C », « sans sel », etc.

Une allégation santé va plus loin, elle avance un bénéfice sur un indicateur de votre bonne santé comme par exemple « réduit le mauvais cholestérol »...

COMMENT FAIRE LES BONS CHOIX ALIMENTAIRES ?

Pour lutter contre la désinformation, plusieurs actions s'offrent à vous. Tout d'abord il faut soutenir le Nutri-Score qui permet de choisir au sein d'une « famille de produits » le moins mauvais sur la base de critères élémentaires de valeur nutritive, comme je vous l'ai expliqué précédemment. Même si le Nutri-Score n'intègre pas toutes les dimensions de la qualité nutritionnelle d'un aliment, notamment son caractère transformé ou ultra-transformé comme le fait la classification NOVA (voir illustration ci-dessous), il oblige néanmoins les industriels à reformuler leur « recettes » pour ne pas perdre de parts de marché. Choisissez donc exclusivement des produits qui affichent le Nutri-Score, et quand plusieurs sont disponibles pour le type d'aliment que vous souhaitez consommer, prenez bien sûr le mieux classé.

LA CLASSIFICATION NOVA

Les technophiles et autres geeks peuvent faire appel aux applications pour smartphones. Je précise avant toute chose que je ne suis pas un fervent défenseur de cet objet connecté peu respectueux de l'environnement compte tenu de la quantité de métaux rares qu'il contient. Pour autant, nier son existence et la propension de nos contemporains à l'utiliser massivement serait pour le moins refuser d'accepter la réalité. À l'évidence, il peut être une aide pour de nombreuses personnes, et d'ailleurs le succès de ces applications pour smartphones ne se dément pas depuis plusieurs mois. Qu'elles s'appellent Yuka, BuyOrNot, Open Food FActs, Etiquettable ou encore To Good To Go, vous pourrez trouver celle qui vous convient, la plus conviviale, la plus complète ou la plus militante. Je vous laisse le soin de vous faire votre opinion. Je vous conseillerai quand même d'orienter votre choix vers les applications qui intègrent la classification NOVA présentée juste avant.

Si vous êtes allergiques aux smartphones ou ne faites qu'une confiance relative aux algorithmes, sachez que LaNutrition.fr a été le premier acteur, en 2009, à classer les aliments selon leurs qualités nutritionnelles dans une collection de livres pratiques devenus référents, régulièrement mis à jour par des diététiciennes et journalistes scientifiques : la série *Le Bon Choix au supermarché*.

PRIVILÉGIER LES CIRCUITS COURTS

Comment contrer la mainmise de la grande distribution sur l'offre alimentaire ? Je ne vois guère qu'une solution dans le proche avenir : court-circuiter les grandes surfaces ! Et quoi de plus efficace pour court-circuiter qu'un circuit court, c'est-à-dire qui comporte au plus un intermédiaire entre le producteur et le consommateur ?

La part qu'occupent les circuits courts dans la commercialisation des produits alimentaires aujourd'hui ne dépasse pas 10 % (un peu plus dans le bio), mais cette part progresse chaque année.

Partout où cela est possible, je vous engage à retrouver le chemin le plus direct vers vos producteurs locaux quand il en existe et qu'ils sont accessibles géographiquement. Inutile que nous nous mettions tous à parcourir des dizaines de kilomètres pour cela. Ce n'est ni écologiquement responsable ni concrètement réalisable : les déplacements sont tellement chronophages que vous n'aurez même plus le temps de cuisiner les produits achetés dans un rayon de 30 kilomètres !

Regardons ce qui existe en AMAP, en coopératives de producteurs, en supermarchés coopératifs, bref toutes les solutions permettant de se soustraire au carcan de l'offre formatée des centrales d'achats. Les solutions se multiplient, se démocratisent, souvent sous l'impulsion de producteurs eux-mêmes qui entendent redonner du sens à leur métier d'agriculteurs, y compris du sens social : nourrir nos concitoyens, pas engraisser les lignes statistiques du commerce extérieur. Ces solutions attendent parfois tout simplement votre participation pour éclore ou se développer.

Cependant, il ne faut pas se bercer d'illusions sur la pérennité des grandes surfaces. Si nous sommes quelques-uns à miser sur leur disparition à terme (même les enseignes ont anticipé cela en rachetant des réseaux entiers de petites surfaces de proximité tels Carrefour Contact et autres), il y a fort à parier qu'il faudra encore subir pendant plusieurs années cette organisation de la distribution alimentaire en France. Le changement pourrait donc venir d'une hybridation des systèmes telle que celle déjà entamée avec l'apparition massive de rayons bio sous la pression commerciale de réseaux « spécialisés » tels Biocoop, So'Bio et d'autres. Ces précurseurs ont jusqu'à un passé récent assis leur modèle sur une clientèle plutôt aisée, plutôt éduquée, consciente de l'importance de l'alimentation et respectueuse de l'environnement. En croissance exponentielle ces dernières années, la demande s'est « démocratisée », entraînant une adaptation de l'offre commerciale pour « capter » des clients nouveaux, et donc du chiffre d'affaires nouveau.

QUAND LES COLLECTIVITÉS S'ENGAGENT

Il ne faut bien sûr pas oublier les actions des collectivités, et voilà l'occasion de souligner l'intérêt des Projets alimentaires territoriaux (PAT).

Il s'agit de remettre en lien toute la chaîne alimentaire, du paysan-producteur local jusqu'au consommateur final. Souvent menés par des collectivités territoriales grâce au levier qu'exerce la commande publique auprès de la restauration collective (scolaire, mais pas exclusivement), ces projets se multiplient ces dernières années depuis leur apparition en 2014. Et cela, malgré le faible soutien financier dont ils bénéficient.

LES PROJETS ALIMENTAIRES TERRITORIAUX

Prévus dans la loi d'Avenir pour l'agriculture, l'alimentation et la forêt du 13 octobre 2014 (art. 39), les Projets alimentaires territoriaux consistent à la mise en réseau des acteurs d'un territoire pour dresser un état des lieux de la production agricole et alimentaire locale ainsi que du besoin alimentaire du bassin de vie.
Élaborés de manière concertée, ces projets font de l'alimentation l'objet central de leurs actions (qualité, localisation, valorisation de la production).

J'ai pu aussi constater qu'à l'échelle régionale la volonté forte d'un groupement d'achat de collèges et lycées pouvait être un levier efficace de changement des pratiques de production : encouragement aux filières locales de qualité, choix exigeants sur la composition des aliments retenus dans les marchés (additifs proscrits au titre du principe de précaution) ou encore saisonnalité des produits. Ce levier me paraît particulièrement intéressant car accessible localement par chacun.e d'entre nous, et déclinable pour la totalité de la commande publique dans les établissements scolaires de nos enfants. J'y reviendrai plus tard.

PROTÉGER LES ENFANTS

Certains faits, relayés par les médias et bien connus du monde de l'éducation, ne manquent pas de surprendre un public non averti : de façon récurrente, les jeunes enfants à qui l'on demande « dessine-moi un poisson », dessinent bien souvent un rectangle, parce que leur expérience de ce qu'est un poisson se limite aux morceaux de poisson pané surgelés qu'on leur sert régulièrement. Des faits anecdotiques, quoique malheureusement courants, qui sont à la fois symptomatiques et révélateurs du manque de culture culinaire et d'éducation à l'alimentation dont souffre une partie significative de nos enfants. Il faut également comprendre cela comme le signal d'une déconnexion entre la nourriture, celle qui est présente dans l'assiette, et sa provenance : quel produit végétal ou quel animal est à l'origine de ce que je mange ? Voilà des questions auxquelles les enfants sont bien en peine de répondre aujourd'hui.

L'école doit être, en complément de la cellule familiale, un des lieux d'apprentissage de ces savoirs sur l'alimentation, la nutrition, la culture culinaire et bien sûr l'agriculture.

Apprendre à se nourrir correctement devrait donc être enseigné à l'école, parce que c'est un apprentissage fondamental. De nombreuses familles dispensent encore à leurs enfants une culture culinaire familiale, traditionnelle. Cet apprentissage familial est inestimable, et fait partie souvent de la culture personnelle à laquelle les personnes sont le plus attachées : les goûts, les odeurs, les couleurs de son enfance.

Toutefois, cet apprentissage au sein des familles ne comprend pas la dimension nutritionnelle pourtant indispensable avec nos modes de vie qui intègrent de plus en plus d'aliments transformés ou ultra-transformés : équilibre nutritionnel, compréhension des étiquettes des aliments transformés et ultra-transformés, connaissances des méfaits et bienfaits des aliments sur la santé, proportion convenable pour chaque aliment, etc. Autant de notions que peu de personnes maîtrisent du fait de l'absence de cet apprentissage vital d'une part, et du poids de l'agro-industrie et de son marketing d'autre part. L'ignorance est un fonds de commerce très rentable, elle se fabrique et s'entretient…

Il revient à l'État de lutter contre cette ignorance et d'assurer cet apprentissage de base pour tous les enfants afin de résorber les inégalités sociales alimentaires.

Cela est une question décisive de santé publique : il est beaucoup plus simple et plus utile d'apprendre à tou.te.s les très jeunes comment bien se nourrir, plutôt que de devoir ensuite soigner les différentes maladies liées à une mauvaise alimentation. C'est également un moyen de lutte pour l'égalité des femmes et des hommes et de lutte contre la culture patriarcale, en apprenant à tous les enfants pareillement, filles et garçons, comment faire la cuisine, et y prendre plaisir.

Cet enseignement est bien entendu aussi l'occasion d'être attentif à la question de la condition animale (conditions d'élevage et d'abattage) et à toutes les alternatives qui existent aux protéines carnées. La réduction des protéines carnées est une nécessité écologique ; il est impératif que les jeunes comprennent ces enjeux dès le plus jeune âge.

Mais cet apprentissage ne peut être efficace que si l'environnement des enfants ne vient pas apporter de confusion *via* des messages orientés et/ou trompeurs. Il convient donc d'annihiler l'impact négatif de la publicité alimentaire auprès des jeunes. La réglementation sur la publicité alimentaire pour les enfants est prônée par l'OMS. En effet, un rapport de 2012 montre une corrélation directe entre la publicité alimentaire et les préférences alimentaires des enfants qui y sont exposés.

Une étude comparative menée dans plusieurs pays (Australie, Royaume-Uni, Italie, Pays-Bas, États-Unis) auprès d'enfants âgés de 6 à 11 ans[49] a également montré que l'exposition à la publicité alimentaire télévisée contribuait à la prévalence de l'obésité des enfants dans des proportions allant de 4 à 40 % selon les pays.

Une autre étude de simulation a pointé qu'entre un septième et un tiers des enfants obèses américains n'auraient pas été obèses s'ils n'avaient été exposés à la publicité télévisée pour des aliments néfastes à la santé[50]. Il est important de noter que les trois quarts des investissements publicitaires alimentaires (72 %) réalisés sur les écrans télévisés jeunesse, soit 29,7 millions d'euros, portent sur des produits gras, sucrés et/ou salés.

Par ailleurs il est avéré que les enfants soumis aux messages publicitaires sont les « prescripteurs » des parents lors des courses souvent réalisées en famille. Le choix est ainsi fait par les enfants dont on sait qu'ils ne sont pas en mesure de faire la part des choses entre un message publicitaire et la réalité. Il convient donc d'encadrer très fermement la publicité alimentaire à destination du jeune public.

J'ai, sur ces deux sujets de l'éducation à l'alimentation et de la limitation de la publicité à destination des plus jeunes, porté une proposition de loi pour notamment la création d'une heure hebdomadaire, de la maternelle au collège, d'apprentissage de la nutrition et de l'alimentation préventive. La proposition de loi prévoit également une interdiction de la publicité alimentaire à destination des enfants.

INTERDIRE LA CHIMIE COMESTIBLE

Je vous ai expliqué plus haut comment nous sommes arrivés à une situation qui met en péril la qualité de notre alimentation, et favorise le développement des maladies métaboliques. L'industrie agroalimentaire a une responsabilité dans l'offre alimentaire souvent indigente qui nous est proposée. Elle prospère sur une législation européenne laxiste et sur l'absence de volonté politique des élus nationaux. Cette absence d'action politique alors même que tous les décideurs connaissent les liens directs entre malbouffe et maladies chroniques, est un réel scandale. J'ai qualifié cela « d'association de malfaiteurs » lors de la conférence de presse que j'ai tenue en septembre 2018 pour la sortie du rapport de la commission d'enquête parlementaire. En effet, comment qualifier autrement une situation où l'on connaît les méfaits de l'activité d'acteurs économiques sur la santé des Français.e.s, où l'on sait qu'il en coûte plus de 40 milliards d'euros chaque année à notre système de santé et où rien n'est entrepris pour changer les choses ?

Il est de la responsabilité et du devoir du pouvoir politique de mettre en place le cadre légal qui protège la santé publique, celle des plus jeunes en particulier qui sont aujourd'hui les premières victimes de la malbouffe, dont ils paient le prix par des taux élevés d'obésité, troubles neurologiques, cancers et leucémies, troubles hormonaux, infertilité croissante, etc.

Si la chimie comestible est aujourd'hui encore autorisée dans nos assiettes par des textes trop permissifs ou par l'absence de cadre règlementaire, c'est bien au législateur de changer les choses, dans l'intérêt général. Mais aujourd'hui, comme c'est d'ailleurs l'objectif inavoué et inavouable des engagements volontaires, ce sont les intérêts particuliers qui prévalent.

Il convient donc d'interdire purement et simplement toute cette chimie qui envahit nos vies et en premier lieu nos assiettes. On l'a vu, 338 additifs « alimentaires » et/ou auxiliaires technologiques (vocable pour moins effrayer le consommateur…) sont aujourd'hui autorisés, dans des conditions tout à fait contestables puisque nombre de ces molécules ont été validées par l'EFSA du temps où les conflits d'intérêts y prospéraient. Le principe de précaution doit donc être mis en œuvre sans délai pour dans un premier temps réduire cette liste. Je propose que l'on se base sur un objectif de 46 additifs : les 48 autorisés pour les aliments produits sous le label AB (Agriculture biologique), auxquels il convient de retirer le nitrate de sodium et le nitrate de potassium (voir page 37).

Dans un second temps, il est indispensable de revoir tous les dossiers d'homologation des 46 produits restants, avec la nécessaire contre-expertise des pouvoirs publics sur les études fournies par les industriels eux-mêmes (!).

Du côté des taux de sucres, sel et d'acides gras saturés, la situation n'est guère plus reluisante. De façon encore plus évidente que pour les additifs, les pouvoirs politiques successifs ont sciemment été inactifs ou volontairement inefficaces alors que l'OMS a émis des alertes et produit des indicateurs chiffrés depuis 2002[51].

La situation est d'autant moins acceptable qu'aucun argument technique ne pouvait s'opposer à contraindre les filières d'améliorer leurs pratiques de façon globale et progressive, comme l'exemple de la boulangerie et l'échec des engagements volontaires le prouvent de façon flagrante (voir page 104).

ALORS POUVONS-NOUS CHOISIR DE MANGER AUTREMENT ?

J'ai expliqué pourquoi ce changement ne peut pas être qu'une somme de choix individuels. Pour autant, il ne faut pas renoncer à trier dans l'offre alimentaire qui nous est faite, en écartant dans un premier temps les aliments ultra-transformés par ailleurs faussement économiques : s'ils font gagner du temps, ils coûtent en dépenses de santé futures, en impacts environnementaux auxquels il faudra remédier. Tout cela avec l'argent de tous. Le prix à la caisse du supermarché de votre plat préparé n'est pas son prix réel !

Il y a aussi un levier intéressant, car accessible directement à chacun.e d'entre nous : la restauration scolaire. Cinq repas sur 21 chaque semaine, des millions de repas par mois et des millions d'euros dépensés par les établissements pour leur approvisionnement. C'est un levier important pour contraindre les changements dans les pratiques. Je vous encourage vivement à vous investir dans les comités de cantine quand ils existent, ou à défaut à demander leur création.

Ensuite, vous devez connaître toutes les fiches techniques des aliments servis à vos enfants pour y débusquer les additifs les plus controversés, les produits les plus transformés, les aliments les plus sucrés, salés ou riches en acides gras saturés ou en graisses hydrogénées. Et bien sûr exiger l'amélioration des approvisionnements le cas échéant : moins d'aliments ultra-transformés, empreinte carbone minimum (pour privilégier les circuits courts), fruits et légumes de saison.

RETROUVER UNE AGRICULTURE PAYSANNE, DIRIGÉE VERS L'AUTONOMIE ALIMENTAIRE

Les ministres de « l'Agriculture et de l'Alimentation » (oui c'est bien la véritable dénomination de ce portefeuille) se succèdent et leurs discours ne varient pas. Il est question d'abord d'une ligne de commerce extérieur qu'ils s'appliquent à garder excédentaire. Point barre ! Tout cela bien sûr emballé de belles phrases sur l'excellence de la filière agricole française.

Pourtant les chiffres sont têtus. Ce modèle agro-industriel hérité des lendemains de la Seconde Guerre mondiale est aujourd'hui une impasse, doublée d'un échec :

- moins de paysans : plus de 350 000 actifs agricoles ont été perdus ses dix dernières années ;
- l'épuisement généralisé des sols ou encore son érosion dramatique sont maintenant chiffrés : selon la FAO, un tiers d'entre eux sont dégradés ;
- la stagnation (au mieux) des rendements agricoles ;
- des revenus des actifs agricoles en forte baisse : en 2016, selon la Mutuelle sociale agricole (MSA) 30 % des exploitants avaient un revenu inférieur à 350 euros par mois, une part qui peut aller jusqu'à 44 % dans certains départements ;
- l'accaparement des terres agricoles y compris par des puissances étrangères (Chine) ;
- les atteintes irréversibles à l'environnement ;
- une perte de la diversité génétique des espèces végétales et animales due à la sélection sur le seul critère de productivité.

La liste n'est sans doute pas exhaustive mais elle documente de manière claire la faillite d'un modèle obsolète.

Bien sûr, pour dégager des excédents commerciaux par l'accroissement des rendements, l'utilisation d'engrais et de pesticides de synthèse a été généralisée. Nous voilà donc avec des matières agricoles produites en masse, de qualité médiocre, dont la majorité est contaminée par les résidus de pesticides chimiques épandus d'un bout à l'autre du territoire, souvent sans même appréhender la nécessité agronomique d'y recourir.

Ce modèle de production agricole date de plus de soixante-dix ans : sauf à penser que le contexte économique, écologique et même sociétal n'a pas fortement varié depuis au moins quarante ans, il est obsolète.

Il faut inventer ou plutôt généraliser un nouveau modèle, résilient, le seul qui pourra faire face à l'effondrement inévitable qui est en cours : fin programmée des ressources minières de phosphates, raréfaction des ressources pétrolières et surenchérissement du coût de l'énergie, conflits d'usage pour des ressources en eau devenues de plus en plus rares. L'agriculture sera demain forte consommatrice des savoirs agronomiques accumulés jusqu'alors, demandeuse d'une expertise revalorisée des paysan.ne.s qui réinvestiront la surveillance des parcelles pour pouvoir les protéger des attaques d'agresseurs (ravageurs, insectes et maladies) et pourvoyeuse d'emplois par la nécessaire rémunération de ce service qui n'a pas de prix : nourrir correctement et suffisamment la population, quel que soit le revenu ou la situation sociale.

Je parle bien ici de ce que l'on nomme communément « l'autonomie alimentaire ». Certains voudraient nous faire croire que cet objectif ne serait réalisable que grâce à l'agriculture industrielle et sa partenaire, l'industrie agroalimentaire, régulées par la concurrence libre et non faussée.

Cette prédiction est démentie dans les faits. L'agriculture familiale contribue encore à 70 % de la production alimentaire mondiale selon les chiffres de la FAO (2014). Et, toujours à l'échelle mondiale, les disponibilités alimentaires dépassent aujourd'hui les besoins : 2 800 calories (kcal) par jour et par personne en 2007, soit 600 calories (kcal) de plus que les besoins moyens, selon les standards internationaux validés par les nutritionnistes. Comme pour de nombreuses autres « richesses », la question qui se pose ici est celle de leur répartition : quelques-uns accaparent les ressources planétaires jusqu'à l'excès et le superflu, quand d'autres meurent littéralement de faim.

Conclusion

La question qui se pose à nous aujourd'hui est la suivante : comment réagir afin que notre alimentation soit enfin celle que nous en attendons, celle qui devrait être proposée à l'ensemble de la population : suffisante en quantité, accessible économiquement et bien évidemment saine ?

L'alimentation est un enjeu majeur de la période qui s'ouvre. Elle permet de poser la question de l'autonomie alimentaire des populations au regard des ressources disponibles pour la produire : disponibilité en eau et conflits d'usage, tarissement de la ressource extractive d'engrais minéraux, artificialisation galopante des terres agricoles et état des sols, ou encore disponibilité (donc coût) des énergies fossiles.

La responsabilité politique ne peut plus se soustraire à la somme de ces connaissances et notamment des enjeux de santé publique. Elle nous impose d'en fixer les balises, de poser la trajectoire d'une politique alimentaire nationale cohérente.

Dans ce cadre, certaines mesures doivent faire l'objet de soutien et d'encouragements politiques forts, que ce soit par le cadre législatif ou encore la mise en œuvre de politiques publiques incitatives fortes (à l'instar des Projets alimentaires territoriaux).

LA MALBOUFFE, UNE INTOXICATION POLITIQUE

Le 21 février 2019, ma proposition de loi visant à protéger la population des dangers de la malbouffe était discutée à l'Assemblée nationale.

Cela faisait huit jours que je bouillais littéralement, très exactement depuis le passage devant la commission des affaires sociales où cette proposition de loi avait été balayée par les député.e.s de la majorité, sans la moindre discussion. Amendements de suppression après amendements de suppression, les mêmes avaient oublié au passage que les constats et les propositions que j'avais faits avaient recueilli leur approbation quelques semaines plus tôt, lors de la remise du rapport de la commission d'enquête sur la nourriture industrielle que je présidais.

Sans doute un problème de digestion ? À moins que les huiles du gouvernement, s'inquiétant de la mouture du texte, soient intervenues, poussant le groupe de la majorité à se lancer dans la vieille tambouille politicienne ?

Si au final cette loi « Malbouffe » a été votée (il faudra qu'elle vive ou survive à une navette parlementaire improbable avec le Sénat) c'est en version allégée. Il ne reste qu'une maigre avancée sur le Nutri-Score (imposé dans les publicités alimentaires), arrachée contre l'avis du gouvernement. Du « light » donc, et comme pour tous les produits « light », les additifs qui vont avec bien entendu !

LES PROBLÈMES NUTRITIONNELS ABANDONNÉS POUR DU BLÉ

Pour les additifs donc, pourtant identifiés comme le problème majeur des aliments ultra-transformés, les parlementaires se sont réfugiés derrière le droit européen de la libre circulation des marchandises. Il ne faudrait surtout pas entraver le commerce de cette nourriture industrielle, ni du reste. Pourtant ce même droit dit que le consommateur ne doit pas être trompé par l'usage d'additifs[g], mais reste muet sur les effets « cocktail ». L'EFSA, l'Autorité européenne de sécurité des aliments, est impuissante face aux 338 additifs autorisés. Alors plutôt que se coltiner les lobbyistes et mettre en œuvre un quelconque principe de précaution, la position de la majorité fut de surtout ne pas engager de contentieux avec la Commission européenne ni mettre un frein au business de la chimie comestible. Ma proposition de réduire la liste aux 48 additifs autorisés sous label AB, imparfaite mais porteuse d'un progrès significatif est passée à la moulinette. Votre santé probablement aussi.

Pour les taux de sel, sucres et acides gras saturés, mêmes renoncements alors que tous les organismes publics de santé et de recherche (HCSP, Anses, Inra) prônent un encadrement légal fort de cette réduction pour atteindre enfin les recommandations de l'Organisation mondiale de la santé (OMS). Nous avons toutes les données disponibles pour connaître le poids relatif de chaque filière dans

g Règlement n° 1333/2008 du Parlement européen et du Conseil du 16 décembre 2008 sur les additifs alimentaires, « *l'utilisation d'additifs alimentaires doit être sûre, doit répondre à un besoin technologique ; elle ne doit pas induire le consommateur en erreur et doit présenter un intérêt pour ce dernier.* (…) *Le principe de précaution ainsi que la faisabilité des contrôles, devraient également être pris en compte dans le cadre de l'autorisation d'additifs alimentaires.* »

ces apports excessifs ; il est ainsi aisé d'agir là où c'est efficace. Inutile d'opposer à cette proposition le fait que cela tuerait la galette bretonne artisanale ou le jambon de Bayonne, comme j'ai pu l'entendre lors des discussions. Ces produits n'ont qu'un faible poids dans notre ration journalière moyenne, ils ne seraient donc que peu ou pas impactés. Nous connaissons aussi les taux mini et maxi déjà existants pour chacune des catégories de produits ou des filières : rien de plus facile que de viser entre les deux, rien de techniquement impossible de fait. Tout est là pour proposer une trajectoire progressive et des valeurs cibles de court terme, soit cinq ans maximum.

Mais là encore, la recette choisie est différente : pas de contraintes sur les filières agroalimentaires... et le refrain imbuvable sur les engagements volontaires dont tout le monde sait qu'ils sont inefficaces, j'en ai fait la démonstration.

Enfin si l'éducation des plus jeunes citoyens est bien un levier important, là encore tout est fait pour ne rien changer, ne contraindre personne ni n'imposer aucun cadre commun. Ma proposition de loi fixait comme objectif une heure d'éducation par semaine de la maternelle au collège ; un objectif certes ambitieux par le volume horaire proposé, mais qui avait justement vocation à être discuté. Au lieu de cela, un amendement est voté pour donner le change, qui ne change rien au caractère volontaire de l'éducation à l'alimentation *via* les activités périscolaires.

En fait les opposants à cette proposition de loi sont ceux que décrivait l'historien Jacques Ellul : des techniciens qui vident la politique de toute velléité de prise de décision. En attendant, rien ne bouge et on continue à nous faire bouffer n'importe quoi, pour engraisser n'importe qui.

Une faillite du politique, une intoxication massive par une association de malfaiteurs qui savent et ne font rien.

AU RÉGIME !

Pour conclure sur l'équilibre alimentaire lui-même, il me semble que la plupart des propositions que je formule peut trouver sa cohérence dans l'encouragement à suivre un régime flexitarien[h], basé sur la consommation de produits bruts de qualité.

Un tel régime alimentaire est caractérisé par une diminution drastique de la consommation de protéines animales au profit des protéines végétales. Leur consommation moins fréquente et en moindre quantité permet également de faire le choix de viandes de qualité (produites localement, en élevage extensif et respectant le bien-être animal) valorisées par un prix de vente rémunérateur pour le producteur. Cette

h Pratique alimentaire de personnes qui sont principalement végétariennes mais qui, parfois, mangent viande, poisson et autres « produits animaux ». Selon les circonstances, un.e flexitarien.ne peut manger végétarien ou végétalien, mais manger des plats incluant de la chair animale lors d'occasions particulières. Les flexitariens partagent généralement les préoccupations des végétariens et végétaliens, à savoir le souhait d'un traitement plus juste des animaux, ou des préoccupations environnementales ou de santé.

sobriété en viande n'alourdit pas le poids économique de ce choix qualitatif dans le panier des ménages.

Ce régime flexitarien permet :

- une alimentation saine avec un recours indispensable et majoritaire aux produits bruts non transformés ;
- l'utilisation parcimonieuse des ressources disponibles : eau, sols, intrants agricoles ;
- le respect des choix alimentaires de chacun ;
- la prise en compte du bien-être animal ;
- un impact environnemental soutenable avec relocalisation de la production et circuits de distribution courts (au sens peu éloignés, quel que soit le nombre d'acteurs de la chaîne) permettant la répartition de la valeur ajoutée et donc du revenu paysan ;
- la création d'emplois paysans correctement rémunérés, pérennes et non délocalisables ;
- une diversification de la production agricole française pour produire plus de légumineuses (lentilles, pois chiche etc.) et des fruits à coque, notamment des noix et des amandes ;
- la préservation du patrimoine génétique des espèces animales et végétales aujourd'hui mis en péril par une sélection uniquement basée sur la productivité.

C'est dans ce dernier objectif d'ailleurs que j'ai déposé le 2 juillet 2019 une proposition de loi sur l'utilisation libre des semences paysannes.

Au-delà du choix d'un régime alimentaire, qui doit d'ailleurs être envisagé globalement à l'échelle de groupes de population, il s'agit bien ici de la remise en question de la logique économique. Elle est dominée par des puissances financières, les fameux acteurs du marché.

Vous êtes nombreux et nombreuses à vous demander notamment quel système de commercialisation doit être ou sera la solution pour l'avenir. La grande distribution qui investit massivement le « marché » du bio ? Les circuits courts (AMAP) et enseignes spécialisées ?

Il ne fait pas de doute que de nouveaux circuits de distribution vont apparaître par l'hybridation des formes existantes. Quelques formes de ces hybrides trouvent déjà leur place, avec plus ou moins de facilité : supermarchés coopératifs, coopératives et/ou groupements de paysans, groupes de locavores.

À n'en pas douter, la période est à la transition dans bien des domaines. Les préoccupations environnementales et sociales se retrouvent également dans nos assiettes. Alors faisons notre miel de toutes ces connaissances aujourd'hui accumulées pour faire les bons choix et mettre les pieds dans le plat !

Pour aller plus loin

ASSOCIATION CANTINE SANS PLASTIQUE. *Pas de plastique dans nos assiettes !* Éditions Du Détour, 2018.

FARDET A. *Halte aux aliments ultra-transformés ! Mangeons Vrai*, Thierry Souccar Éditions, 2017.

ANNE-LAURE DENANS ET LE COLLECTIF LANUTRITION.FR. *Le Nouveau guide des additifs*, Thierry Souccar Éditions, 2017.

LE COLLECTIF LANUTRITION.FR. *Le Bon Choix pour vos enfants*, Thierry Souccar Éditions, 2017.

LE COLLECTIF LANUTRITION.FR. *Le Bon Choix au supermarché*, Thierry Souccar Éditions, 2016.

Notes et références

1 Godeluck S. L'essor des maladies chroniques s'accélèrent. In *lesechos.fr* [en ligne] [consulté le 10 juillet 2019]. Disponible à l'adresse : https://www.lesechos.fr/05/01/2018/lesechos.fr/0301103955262_l-essor-des-maladies-chroniques-s-accelere.htm

2 Étude ESTEBAN 2014–2016 Chapitre corpulence : stabilisation du surpoids et de l'obésité chez l'enfant et l'adulte. In *santepubliquefrance.fr* [en ligne] [consulté le 10 juillet 2019]. Disponible à l'adresse : https://www.santepubliquefrance.fr/Actualites/Etude-ESTEBAN-2014-2016-Chapitre-corpulence-stabilisation-du-surpoids-et-de-l-obesite-chez-l-enfant-et-l-adulte

3 Espérance de vie en bonne santé, dernières tendances. In *presse.inserm.fr* [en ligne] [consulté le 10 juillet 2019]. Disponible à l'adresse : https://presse.inserm.fr/esperance-de-vie-en-bonne-sante-dernieres-tendances/7858/

4 Ministère de l'Économie et des Finances (Eds), « Obésité : quelles conséquences pour l'économie et comment les limiter ? » *Lettre Trésor-Éco*, n°179, septembre 2016.

5 Ce graphique a été réalisé par Tiphaine Maurin, docteur ès sciences, collaboratrice parlementaire de Loïc Prud'homme.

Source des données de consommation

Les données de consommation de plats préparés à base de viande et à base de légumes ont été publiées par Danielle Besson dans Le repas depuis 45 ans : moins de produits frais, plus de plats préparés, *Insee première*, N° 1208, septembre 2008.

Sources des données sur le chiffre d'affaires de l'industrie agroalimentaire

Tableaux de l'économie Française, Collection Insee référence pour les années à partir de 2007 inclus

INSEE,2010, Tableaux de l'économie Française, Collection Insee référence

INSEE,2011, Tableaux de l'économie Française, Collection Insee référence

INSEE,2013, Tableaux de l'économie Française, Collection Insee référence

INSEE,2014, Tableaux de l'économie Française, Collection Insee référence

INSEE,2015, Tableaux de l'économie Française, Collection Insee référence

INSEE,2016, Tableaux de l'économie Française, Collection Insee référence

INSEE,2017, Tableaux de l'économie Française,

Collection Insee référence
INSEE,2018, Tableaux de l'économie Française, Collection Insee référence
Pour l'année 2003
LSA Commerces & Consommation. , «La concentration s'accentue dans l'agroalimentaire» In : www.lsa-conso.fr [en ligne] [consulté le 10 juillet 2019]. Disponible à l'adresse : https://www.lsa-conso.fr/la-concentration-s-accentue-dans-l-agroalimentaire,78858

Sources des données sur l'obésité

- Thibaut de Saint Pol. L'obésité en France : les écarts entre catégories sociales s'accroissent, Insee Première, n°1123, paru le : 23/02/2007, consulté le 15/01/2019.
- Enquête ObEpi 2003 (Enquête épidémiologique nationale sur le surpoids et l'obésité 2003)
- Enquête ObEpi 2006
- Enquête ObEpi 2012
- https://ec.europa.eu/eurostat/web/health/data/database
- ENNS 2006 (Étude nationale nutrition santé) : Situation nutritionnelle en France en 2006 selon les indicateurs d'objectif et les repères du Programme national nutrition santé (PNNS, 2007)
- Matta J, Zins M, Feral-Pierssens AL, Carette C, Ozguler A, Goldberg M, et al. Prévalence du surpoids, de l'obésité et des facteurs de risque cardio-métaboliques dans la cohorte Constances. *Bull Epidémiol Hebd.* 2016;(35-36):640-6.

6 Fardet A. Voici pourquoi l'alimentation industrielle cause des maladies chroniques. In *reporterre.net* [en ligne] [consulté le 14 décembre 2017]. Disponible à l'adresse : https://reporterre.net/Voici-pourquoi-l-alimentation-industrielle-cause-des-maladies-chroniques

Crignon A. « Les faux aliments ont colonisés jusqu'à 50 % de nos supermarchés ». In *bibliobs.nouvelobs.com* [en ligne] [consulté le 30 décembre 2017]. Disponible à l'adresse : https://bibliobs.nouvelobs.com/idees/20171227.OBS9840/les-faux-aliments-ont-colonise-jusqu-a-50-de-nos-supermarches.html

Crignon A. Gare aux aliments ultratransformés ! *L'Obs*, du 6 au 12 septembre 2018, pp.36-37.

Crignon A et Gonzague A. Fake food : Le mensonge dans nos assiettes. *L'Obs* du 13 au 19 décembre 2018, pp.22-24.

7 Afshin A, Sur P, Fay K et al. Health effects of dietary risks in 195 countries, 1990–2017: a systematic analysis for the Global Burden of Disease Study 2017. *The Lancet*. 2019.

8 Poulain J.-P. L'obésité et le surpoids entre stigmatisation et discrimination. In : *L'apparence physique motif de discrimination. Entre norme, codes sociaux, esthétisation et rejet de la différence visible*, Sciences Po Lille, 2011, pp.86-89.

9 Obésité, une maladie des tissus adipeux. In *inserm.fr* [en ligne] [consulté le 10 juillet 2019]. Disponible à l'adresse : https://www.inserm.fr/information-en-sante/dossiers-information/obesite

10 Labrador J et al. Alimentation à domicile : une part plus importante de la consommation des ménages franciliens les plus modestes. In *insee.fr* [en ligne] [consulté le 10 juillet 2019]. Disponible à l'adresse : https://www.insee.fr/fr/statistiques/1285826

11 Les différences sociales en matière d'alimentation. In *agreste.agriculture*.gouv.fr [en ligne] [consulté le 10 juillet 2019]. Disponible à l'adresse : http://agreste.agriculture.gouv.fr/IMG/pdf/analyse641310.pdf

12 Plessz, M. (2013). Les légumes transformés : diversité des produits, diversité des usages sociaux. *Revue d'Études en Agriculture et Environnement-Review of agricultural and environmental studies*, 2013(01), 13-37.

13 Farah et al, 2015, A Western dietary pattern is associated with overweight and obesity in a national sample of Lebanese adolescents (13–19 years): a cross-sectional study, *Br J Nutr*, 114(11), pp. 1909–1919.

14 Srour B, Fezeu LK, Kesse-Guyot E, Allès B, Méjean C, Andrianasolo RM, Chazelas E, Deschasaux M, Hercberg S, Galan P, Monteiro CA, Julia C, Touvier M. Ultra-processed food intake and risk of cardiovascular disease: prospective cohort study (NutriNet-Santé). *BMJ*. 2019 May 29;365:l1451.

15 Adjibade M, Julia C, Allès B, Touvier M, Lemogne C, Srour B, Hercberg S, Galan P, Assmann KE, Kesse-Guyot E. Prospective association between ultra-processed food consumption and incident depressive symptoms in the French NutriNet-Santé cohort. *BMC Med*. 2019 Apr 15;17(1):78.

16 Schnabel L, Buscail C, Sabate JM, Bouchoucha M, Kesse-Guyot E, Allès B, Touvier M, Monteiro CA, Hercberg S, Benamouzig R, Julia C. Association Between Ultra-Processed Food Consumption and Functional Gastrointestinal Disorders: Results From the French NutriNet-Santé Cohort. *Am J Gastroenterol*. 2018 Aug;113(8):1217-1228.

17 Fiolet T, Srour B, Sellem L, Kesse-Guyot E, Allès B, Méjean C, Deschasaux M, Fassier P, Latino-Martel P, Beslay M, Hercberg S, Lavalette C, Monteiro CA, Julia C, Touvier M. Consumption of ultra-processed foods and cancer risk: results from NutriNet-Santé prospective cohort. *BMJ*. 2018 Feb 14;360:k322.

18 Le sel, consommation et recommandations. In *anses.fr* [en ligne] [consulté le 10 juillet 2019]. Disponible à l'adresse :
https://www.anses.fr/fr/content/le-sel

19 Anne-Laure Denans et Le Collectif LaNutrition.fr. *Le Nouveau guide des additifs*, Thierry Souccar Éditions, 2017.

20 Évaluation additifs alimentaires. In *quechoisir.org* [en ligne] [consulté le 10 juillet 2019]. Disponible à l'adresse :
https://www.quechoisir.org/comparatif-additifs-alimentaires-n56877/

21 Lherm D. Pesticides dans le vin de l'ex-président du CIVB : mis en cause, Bernard Farges se défend. In : *Sud Ouest* [en ligne] [consulté le 9 juillet 2019]. Disponible à l'adresse : https://www.sudouest.fr/2018/01/19/pesticides-dans-le-vin-de-l-ex-president-du-civb-mis-en-cause-bernard-farges-se-defend-4125370-713.php

22 Bonnefoy N. Rapport d'information fait au nom de la mission commune d'information sur les pesticides et leur impact sur la santé et l'environnement. In : *Site Sénat* [en ligne] [consulté le 9 juillet 2019]. Disponible à l'adresse : http://www.senat.fr/rap/r12-042-1/r12-042-11.pdf

23 Cantine sans plastique. *Pas de plastique dans nos assiettes !* Éditions Du Détour, 2018.

24 Observatoire de la formation des prix et des marges des produits alimentaires. Rapport au Parlement 2017. [en ligne] [consulté le 9 juillet 2019]. Disponible à l'adresse : https://observatoire-prixmarges.franceagrimer.fr/Lists/Liste%20Rapports%20au%20Parlement%20et%20Lettres/Attachments/22/Rapport17_V05.pdf

25 Analyse des effets économiques et sociaux d'une alimentation plus durable. Volet 2 « Analyse de la valeur socio- économique de l'alimentation, et sa répartition ». In : *Le Basic* [en ligne] [consulté le 9 juillet 2019]. Disponible à l'adresse : https://lebasic.com/wp-content/uploads/2018/04/BASIC_Valeur-Socio-Eco-Alimentation-Francaise_Volet-2_Avril-2018.pdf

26 L'Observatoire économique et social. Note de conjoncture n° 45 – Octobre 2018. In : *MSA*. [en ligne] [consulté le 9 juillet 2019]. Disponible à l'adresse : https://statistiques.msa.fr/wp-content/uploads/2018/10/Note-conjoncture-45-1.pdf

27 Maruani M, Meron M. « Le travail des femmes dans la France du xxe siècle », *Regards croisés sur l'économie*, 2013/1 (n° 13), p. 177-193.

28 Brousse C, Ferrante A, Turner L. Le temps des courses depuis 1974: De moins en moins fréquentes et toujours plus longues le samedi, *Insee Première*, 2015, n° 1533.

29 Grignon C, Grignon Ch. Sociologie des rythmes alimentaires. *Les comportements alimentaires*, Paris, Lavoisier, 2004, p. 245-257.

30 De Saint Pol T. Le temps de l'alimentation en France. In : *Insee Première*, 2012, n° 1417. [en ligne] [consulté le 9 juillet 2019]. Disponible à l'adresse : https://www.insee.fr/fr/statistiques/1281016

31 De Saint Pol T. *Ibid.*

32 La crème Mont Blanc a 60 ans. In : *ouest-france.fr*, 2012. [en ligne] [consulté le 9 juillet 2019]. Disponible à l'adresse : https://www.ouest-france.fr/economie/agroalimentaire/la-creme-mont-blanc-60-ans-4483076

33 40 ans Danette : les 10 dates clés de la célèbre crème dessert. In : *ladepeche.fr*, 20009. [en ligne] [consulté le 9 juillet 2019]. Disponible à l'adresse : https://www.ladepeche.fr/article/2009/11/18/717975-40-ans-danette-10-dates-cles-celebre-creme-dessert.html

34 Lavabre S. Knorr, une histoire qui s'inscrit dans le durable. In : *lsa-conso*.fr. [en ligne] [consulté le 9 juillet 2019]. Disponible à l'adresse : https://www.lsa-conso.fr/knorr-une-histoire-qui-s-inscrit-dans-le-durable,206965

35 Pour une Politique nutritionnelle de santé publique en France. PNNS 2017-2021. In : *hcsp.fr*. [en ligne] [consulté le 9 juillet 2019]. Disponible à l'adresse : https://www.hcsp.fr/explore.cgi/avisrapportsdomaine?clefr=632

36 Commission d'enquête sur l'alimentation industrielle : qualité nutritionnelle, rôle dans l'émergence de pathologies chroniques, impact social et environnemental de sa provenance. Séance

à l'Assemblée nationale, jeudi 7 juin 2018, Compte rendu n° 11. In *assemblee-nationale.fr* [en ligne] [consulté le 9 juillet 2019]. Disponible à l'adresse : http://www.assemblee-nationale.fr/15/cr-cealimindu/17-18/c1718011.asp

37 Prud'homme Loïc. Les « dîners-débats » : du lobbyisme à peine camouflé. In *loicprudhomme.fr* [en ligne] [consulté le 10 juillet 2019]. Disponible à l'adresse : https://loicprudhomme.fr/diners-debats-lobbyisme-a-peine-camoufle/

38 Prud'homme Loïc. *Ibid.*

39 Page d'accueil. In *legrandforumdestoutpetits.fr* [en ligne] [consulté le 10 juillet 2019]. Disponible à l'adresse : http://www.legrandforumdestoutpetits.fr/nous-decouvrir/association/

40 Foucart S. Sécurité alimentaire : l'agence européenne minée par les conflits d'intérêts, selon une ONG. In *lemonde.fr* [en ligne] [consulté le 10 juillet 2019]. Disponible à l'adresse : https://www.lemonde.fr/planete/article/2017/06/14/securite-alimentaire-l-expertise-europeenne-mise-en-cause-par-les-conflits-d-interet_5144531_3244.html

41 Call for technical and toxicological data on sweeteners authorised as food additives in the EU: page 4. In efsa.europa.eu [en ligne] [consulté le 10 juillet 2019]. Disponible à l'adresse : https://archiefwadop.archiefweb.eu/archives/archiefweb/20181002060421/http://www.efsa.europa.eu/sites/default/files/engage/170621.pdf

42 Document de travail des services de la Commission, résumé de l'évaluation REFIT de la législation alimentaire générale [règlement (CE) no 178/2002]. In *ec.europa.eu* [en ligne] [consulté le 10 juillet 2019]. Disponible à l'adresse : https://ec.europa.eu/food/sites/food/files/gfl_fitc_executive_summary_2018_fr.pdf

43 Proposition de loi visant à protéger la population des dangers de la malbouffe. In *assemblee-nationale.fr* [en ligne] [consulté le 10 juillet 2019]. Disponible à l'adresse : http://www.assemblee-nationale.fr/15/propositions/pion1561.asp

44 Centre d'études et de prospective, 2013, Toxi-infections alimentaires, évolution des modes de vie et production alimentaire, n° 56 – avril 2013, Ministère de l'Agriculture, de l'Agroalimentaire et de la Forêt.

45 Salmonellose. In *anses.fr* [en ligne] [consulté le 10 juillet 2019]. Disponible à l'adresse : https://www.anses.fr/fr/content/salmonellose

46 Listeriosis. In who.int [en ligne] [consulté le 10 juillet 2019]. Disponible à l'adresse : https://www.who.int/news-room/fact-sheets/detail/listeriosis

47 Les staphylocoques dorés. In *agriculture.gouv.fr* [en ligne] [consulté le 10 juillet 2019]. Disponible à l'adresse : http://agriculture.gouv.fr/les-staphylocoques-dores

48 L'alimentation en France. In *tns-sofres.com* [en ligne] [consulté le 10 juillet 2019]. Disponible à l'adresse : https://www.tns-sofres.com/publications/lalimentation-en-france-2016

49 Goris JM, Petersen S, Stamatakis E, Veerman JL. Television food advertising and the prevalence of childhood overweight and obesity: a multicountry comparison. *Public Health Nutr.* 2010 Jul;13(7):1003-12.

50 Veerman JL, Van Beeck EF, Barendregt JJ, Mackenbach JP. By how much would limiting TV food advertising reduce childhood obesity? *Eur J Public Health.* 2009 Aug;19(4):365-9.

51 Réduire les apports en sel au niveau des populations, rapport du forum et de la réunion technique OMS. In *who.int* [en ligne] [consulté le 10 juillet 2019]. Disponible à l'adresse : https://www.who.int/dietphysicalactivity/reducingsaltintake_FR.pdf

Achevé d'imprimer en France sur les presses de Corlet Imprimeur
à Condé-en-Normandie, 3e trimestre 2019 - N° 206003